독립과 통일 의지로 일관한 신뢰의 지도자
여운형

독립과 통일 의지로 일관한
신뢰의 지도자
여운형

| 변은진 지음 |

책을 내면서

몽양 여운형(1886~1947)은 우리 근현대사, 그 가운데서도 '나라 없던 시대'인 일제강점기와 해방공간을 치열하게 살다 간 인물이다. 그의 존재를 뺀다면 우리 근현대사는 마치 '주인공 없는 드라마' 같은 모양새가 될 것이다. 이 시대를 이끌어간 인물에게는 흔히 독립운동가·민족지도자라는 이름을 붙인다. 물론 여운형도 그에 걸맞은 인물 중 하나이다. 일제강점기에는 독립운동 과정에서, 해방공간에는 통일민족국가 건설운동 과정에서 최상위 그룹에 속하는 지도적 인물 가운데 속해 있었다. 그런데 여기서는 그에게 '참 정치가'라는 타이틀을 하나 더 부여하고 싶다.

나라의 존재를 전제로 한 개념인 '정치'를 일제강점기 조선 사회에 투영해보면 당연히 조선총독부 등 일제의 권력기관을 통해 '나라'를 다스리는 일을 말한다. 그런데 여기에 참가했던 인물을 일본에서는 '정치가'라고 부르지만, 한국 사회에서는 '친일파'라고 부른다. 그들을 정치가로 인정하지 않는 것이 우리 사회의 통념이다. 그렇다면 일제강점기와 해방공간에서는 '정치'란 아예 없는 것인가? 식민지배 아래서는, 나라를 다스리려면 먼저 나라를 되찾아야만 했다. 그래서 일제강점기에 수많은 사람들이 항일독립운동을 지속했다. 그리고 이를 위해 최소한 '임시정부'라도 먼저 구성하거나 우방국과 연대해서라도 무장투쟁을 벌이려 애를 썼던 것이다. 다시 말해서 나라 없던 시대 '정치'의 내용은, 일차적으로는 나라를 되찾으려는 독립운동이며 그다음으로는 독립 이후 새로운 나라를 준비하는 활동이다. 다시 말해서 이 시대에는 독립운동과 건국준비운동이 곧 정치였던 셈이며, 이를 이끌었던 인물이 곧 진정한 의미의 정치가, 즉 친일파 등과 구분되는 '참 정치가'라 할 수 있겠다.

여운형은 일제강점기 수많은 독립운동가들 가운데 '참 정치가'라는 호칭이 가장 잘 어울리는 인물이다. 그것은 그가 단지 독립운동을 열심히 했기 때문만은 아니다. 8·15 이후 『매일신보』의 '조선을 대표하는 정치인' 조사에서 33%로 1위를 차지했다거나 우익 성향의 잡지인 『선구』에서 '일제 시기 최고의 혁명가' 조사에서 김구와 이승만을 제치고 1위를 했기 때문만도 아니다. 그가 일제강점기 수많은 독립운동가들이 지니고 있던 민족지도자로서의 자질 외에도 남다른 덕목들을 지니고 있었기 때문이다.

첫째는 언제나 세계정세의 흐름을 주시하고 역사의 방향을 꿰뚫어보는 판단력과 실천력, 둘째는 조선의 독립이라는 목표를 달성하기 위해서라면 적과 아를 넘나들면서 활동하는 외교력과 포용력, 셋째는 늘 대중의 곁에서 함께 말하고 행동해가면서 쌓아간 신뢰의 정치력을 일제강점기의 민족지도자들 가운데 누구보다 강하게 지니고 있었다. 이 책에서는 독립운동가 여운형의 삶을 중심으로 서술하면서, 그의 이러한 덕목들까지 드러내고자 노력했다.

여운형은 일제가 패망하는 마지막 순간까지 적극적으로 독립운동과 건국준비운동을 전개했고, 8·15 직후 권력 공백기의 혼란 상황을 지혜롭게 이끌었으며, 분단의 위험성을 재빨리 눈치 채고 통일운동에 힘썼던 인물로 알려져 있다. 그런데 그가 극우파의 암살테러로 죽음을 맞은 후 한반도의 역사가 그의 평생의 목표와 신념대로 흘러가지 않았고, 또 오랜 기간 어울리지 않게 '친북 공산주의자'라는 낙인을 얻은 채 역사 속에 남아야 했다. 그러나 21세기 세계 유일한 분단국가라는 오명을 쓴 채 '통일민족국가의 건설'이라는 미완의 과제 해결을 눈앞에 둔 오늘날의 현실에서 여운형이라는 인물을 되짚어보는 일은 매우 필요한 작업이라고 생각한다.

이 책은 새로운 자료를 발굴하여 여운형을 깊이 있게 분석한 연구서가 아니라, 지금까지 학계의 연구 성과들과 필자의 짧은 지식을 가지고 여운형의 삶의 자취를 간략히 정리해본 교양서이다. 이 과정에서 여러 선학들의 연구를 참고했다. 특히 이만규·이기형·이정식·강덕상·정병준·강영심 등의 저술에서 큰 도움을 받았다. 이 자리를 빌려 감사의 마음을 전한다. 난잡한 원고를 잘 정리하고 꼼꼼히 검토해주신 역사공간의 선우애림 선생에게도 고마움을 전하고 싶다. 아울러 여전히 현재진행형으로 남아 있는, 여운형이 남긴 미완의 과제들이 해결되고 그에 대한 낙인들이 벗겨지는 날이 왔으면 하는 바람도 가져본다.

2018년 11월
변은진

차례

책을 내면서 4

- 양반 가문에서 태어나 신학문을 익히다
  출생과 집안 10 | 신학문과의 만남 12

- 기독교에 입교하여 애국계몽운동에 뛰어들다
  기독교 입교와 광동학교 설립 15 | 노비문서 소각 17
  승동교회 전도사 활동 18 | 애국계몽운동과 신민회 참여 19

- 국권침탈의 비운을 맞아 중국 망명길에 오르다
  강릉 초당의숙에서 맞은 국권침탈 22 | 직업 선교사의 꿈과 청년계몽운동 23
  중국 망명 준비 25 | 난징의 진링대학 유학 28

- 상하이에 거류하며 교민 사회를 이끌다
  상하이 교민 사회에 정착 31 | 상하이 한인교회 활동과 인성학교 설립 33
  한인거류민단 단장으로 임시정부 지원 35

- 신한청년당을 결성하고 독립청원서를 작성하다
  신한청년당 창당 배경 38 | 독립청원서 작성 40 | 신한청년당의 설립 목적과 취지 43
  신한청년당의 해산 47

- 3·1운동의 불씨를 지피다
  파리강화회의에 민족대표 파견 49 | 국제사회에 독립 의지 설파 53
  간도·연해주에서 민족의 궐기 촉구 54 | 3·1운동 기획에 대한 평가 56

- 임시정부의 수립과 유지에 노력하다
  대한민국임시정부 수립의 주역 58 | 임시정부에 대한 생각과 활동 59
  독립운동전선 결집을 위해 국민대표회의 소집 요구 62
  국민대표회의 개최와 결렬 65

- 조선 독립을 위해 국제연대를 꾀하다

  일제 당국의 회유 공작과 도쿄행 68 | 일본의 심장에서 울려퍼진 조선 독립의 정당성 73
  일본 정계에 미친 파장 79 | 사회주의를 통한 독립운동 모색 81
  미국 의원단에 독립 지원 요청 86 | 모스크바 극동민족대회 참가 87

- 한·중 연대 강화로 독립운동의 돌파구를 마련하다

  쑨원과의 만남, 한중호조사 조직 93 | 중국 국공합작의 숨은 조력자 96
  광저우 중국국민당 2전대회 참가 100 | 국내 사회운동과 맺은 인연 106
  첫 피체, 국내로 압송 109

- 국내에서 사회활동에 참여하며 독립운동을 이끌다

  출옥과 국내 거취 선택 116 | 조선중앙일보사의 혁신과 언론을 통한 일제 공격 121
  스포츠맨십 강조와 청년층의 민족의식 고취 129 | 일장기 말소사건과 신문의 폐간 136

- 독립의 희망을 바라보며 새로운 국가 건설을 준비하다

  중일전쟁 개시와 정세 판단 141 | 도쿄행과 중국 화평 교섭 제안 거부 144
  조선 청년들이 기대한 민족지도자 149 | 조선건국동맹 결성과 건국준비운동 160

- 통일민족국가 건설을 위해 노력하다

  8·15 전후 정세의 변화와 통치권 이양 167 | 건국준비위원회를 통한 자치행정의 개시 172
  조선인민공화국 선포 176 | 인민당 창당 178 | 통일임시정부 수립을 위한 노력 181
  분단 방지를 위해 좌우합작운동 주도 188

- 대중과 함께한 신뢰의 지도자, 민족의 가슴에 잠들다

  신뢰받는 지도자의 암살, 최초의 인민장 192 | 그에 대한 낙인, 그가 남긴 과제 195

여운형의 삶과 자취 197

참고문헌 212

찾아보기 217

양반 가문에서 태어나
신학문을 익히다

출생과 집안

여운형은 1886년 5월 25일 경기도 양평군 양서면 신원리 묘골妙谷에서 함양여씨咸陽呂氏 집안의 9대 종손으로 태어났다. 아버지는 여정현呂鼎鉉이며 어머니는 경주이씨慶州李氏다. 할아버지인 여규신呂圭信이 태양을 치마폭에 감싸는 태몽을 꿔서 그에게 몽양夢陽이라는 아호를 붙였다고 한다. 묘골의 함양여씨 문중은 유학 전통을 지닌 양반 가문이었으나, 조선 후기 이래 그리 평탄한 세월을 보내지는 못했던 것 같다. 여운형의 가장 친한 벗인 이만규李萬珪에 따르면, 여씨 집안은 원래 소론계였는데 여운형이 태어나기 200년쯤 전부터 권력에서 소외되어 두메산골인 묘골로 들어와 살게 되었다고 한다.

여운형이 태어난 양평 신원리 묘골의 생가에서 찍은 사진(몽양여운형선생기념사업회 소장)
6·25전쟁 때 허물어졌다가, 2011년 몽양여운형생가·기념관이 건립되면서 복원되었다.

　이러한 가문의 배경 때문인지는 몰라도, 동학東學의 제2대 교주인 해월海月 최시형崔時亨 때에 이르러 여운형의 조부 여규신과 종조부 여규덕呂圭德은 동학에 심취하게 되었다. 1881년 충북 단양에 있는 여규덕의 집에 개간소를 열어 동학의 포교가사집인 『용담유사』가 처음 간행되었고, 숙부인 여승현呂升鉉은 도사道使라는 직책으로 동학농민전쟁에 참여했을 정도로 집안 전체가 동학과 깊이 관련되어 있었다. 하지만 아버지 여정현은 이러한 집안의 분위기에 반대하여 여전히 양반 가문의 유교 전통을 중시하는 입장을 고수했고, 때로는 조부와 맞서기도 했다.

여운형은 10대 중반까지는 여규신과 함께 묘골에서 살았기 때문에, 사실상 집안의 종손인 그가 청소년기에 가장 영향을 많이 받은 인물은 바로 할아버지였다. 여운형은 열네 살까지 조부에게서 한학을 배웠으며 때로는 역사와 지리도 배웠다. 북벌론의 영향을 강하게 받았던 조부는 어린 손주에게 늘 '함양여씨 문중이 중원中原에서 왔다'면서 '중원 회복'을 이야기하곤 했다. 이는 사실 시대착오적인 이야기지만, 어린 여운형의 시야를 넓히고 국제적인 감각을 기르는 데는 도움이 되었던 것 같다. 여운형은 이런 조부를 늘 존경했고 '강개지사慷慨之士'라고 평하기도 했다. 또 나중에 동생 여운홍呂運弘이 미국으로 유학을 떠날 때 여운형은 중국으로 유학을 가겠다고 결심했는데, 그 선택에도 영향을 미쳤다.

이렇게 여운형은 여느 양반집 도련님들처럼 어려서부터 한학을 공부했고, 다른 한편으로는 동학사상과 동학운동의 영향을 받은 집안 분위기 속에서 성장했다. 따라서 인내천人乃天을 중심으로 한 동학의 인간평등사상에 비교적 일찍 눈을 뜬 편이었다. 그리고 이러한 환경이 당대의 또 다른 평등사상인 기독교의 세계와 더 넓은 근대 신학문의 길로 인도하는 데 큰 영향을 주었다.

신학문과의 만남

열다섯 살이 되던 1900년에 여운형은 집안의 먼 친척인 여병현呂炳鉉의 권유로 서울로 향해 배재학당培材學堂에 입학했다. 양평의 아버지와 할아버지는 모두 여운형이 서울로 가는 데 반대했지만, 이미 동학을 통해 평등사상을 알게 된 그는 그들의 만류를 뿌리치고 서울로 향했다. 여운형과는 17촌인 여병현은 일찍이 미국으로 유학했다가 1899년 귀국하여 배재학당에서 교편을 잡고 황성기독교청년회YMCA를 창설하는 데 주도적 역할을 한 인물이다. 이런 그가 여운형을 서울로 데려와 기독교계 학교인 배재학당에서 신학문과 영어를 공부할 수 있도록 해주었다.

그런데 입학한 지 1년도 채 못 되어 여운형은 배재학당을 그만두었다. 이때까지만 해도 그는 기독교에 감화를 받지는 않았다. 오히려 기독교 교육 특유의 규율생활과 선교사들의 우월의식을 마주하면서 다소 부정적으로 느꼈다고 한다. 일요일에 주일예배를 빠지고 남산에 놀러갔다가 체벌을 받은 경험 등 사소한 일상생활에서 비롯했다. 이만규는 당시 여운형이 배재학당을 뛰쳐나온 이유에 대해 오랫동안 몸에 밴 양반 기질과 자유로운 삶을 추구했던 성품 때문이라고 보았다.

그런데 이미 신학문에 발을 들여놓은 여운형은 다시 고향으로 돌아가는 길을 택하지는 않았다. 곧바로 민영환閔泳煥이 설립한 흥화학교興化學校 주학을반晝學乙班에 입학하여 우등성적을 받을 정도로 열심히 공부했다(『황성신문』 1902년 7월 10일자). 하지만 이도 잠시뿐이었고, 여운형은 다시 대한제국 정부에서 설립한 관립 우무학당郵務學堂으로 옮겼다. 제대로 된 직업을 갖기 위해서였다. 당시 집안의 가세도 기울고 있었고 동생 여운홍과 함께 서울에서 생활하던 처지에서, 졸업 후 우무국郵務局에 기술관으로 취직하면 월급을 27원이나 받을 수 있다고 알려진 우무학당은 꽤 매력적으로 다가왔다.

그런데 1904년 러일전쟁에서 일본이 승리하고 조선의 앞날이 기울고 있던 상황에서 여운형이 선택한 이 길 역시 순조롭지 않았다. 그가 우무학당을 마칠 무렵에는 이미 1905년 4월 「한국통신기관 위탁에 관한 약정서」가 체결되어 우체·통신 업무 일체가 일본인에게 넘어간 뒤였다. 동료 학생들과 함께 학교 당국에 '청원'을 하는 등 이에 대한 반대운동을 벌이기도 했지만 어쩔 수 없었다(『황성신문』 1905년 5월 9일자). 이후 자신을 기술관으로 채용하겠다는 통지를 받았지만, 이미 우무업무가 일본인 관리에게 넘어간 상태라 거절하는 게 옳다고 판단했다. 아버지와 친구인 이 진사까지 찾아와 설득했는데도 막무가내로 버텼다. 도리어 이 진사를 '역적'이라고 했다가 아버지에게 혼쭐이 나기도 했다. 상당액에 달하는 월급의 유혹에도 끝까지 일본의 관리가 되는 취업의 길은 택하지 않았던 것이다. 오늘날 그에 관한 한 연구에서는, 만약 당시 여운형이 통신원 기술자의 길을 택했다면 "훗날 심금을 울리는 지도자 여운형은 없었을 것"이라고 본다(이정식 2008, 44쪽).

기독교에 입교하여
애국계몽운동에 뛰어들다

기독교 입교와 광동학교 설립

동학 분위기의 집안에서 자랐고 배재학당에 다닐 때까지도 기독교에 대해 그다지 좋은 인상을 받지 못했던 여운형이 언제부터 기독교도가 되었는지는 정확히 알 수 없다. 동생 여운홍과 함께 처음 서울에 올라와 생활하던 1900년대 초에 같은 양평 출신의 기독교인 차상진車相晉, 미국인 선교사 찰스 알렌 클라크Charles Allen Clark(한국명 곽안련) 등과 가깝게 지낸 게 주요한 계기가 되었을 것으로 추측된다. 1906년 클라크가 경기도와 강원도 일대를 돌면서 전도활동을 펼치고 양평군에도 상심리교회上心里敎會·문호교회汶湖敎會·묘곡교회妙谷敎會 등을 설립했는데, 묘곡교회가 설립될 때에는 여운형과 여씨 문중이 중심적인 역할을 했다. 그러므로 여운형이 기독교계에 발을 들여놓은 것은 적어도 1906년 이전이었을 것이다.

이 시기 각 지역의 교회 설립에 관해 보고한 기록에 따르면, 묘곡교회가 설립될 때 "여운형 집안에 전도한 결과 여씨 문중이 잇달아 귀도歸道하니 교회가 설립되어 예배당을 건축하며 학교를 설립하고 힘써 전도하니 교회가 점진漸進"했다는 내용이 있다(차재명 1928, 148쪽). 일단 여기서 굳이 이제 막 20대로 접어든 여운형을 중심에 놓고 '여운형 집안'이라고 표현한 것으로 보아, 그가 여씨 문중에서는 비교적 빠른 시기에 기독교에 입교한 대표격 인물이었음을 짐작할 수 있다. 또 여운형은 동학 성향의 문중 어른들을 설득하여 고향 마을에 교회와 학교를 설립하는 데 상당한 자금을 쾌척하도록 했음도 짐작할 수 있다. 동학과 서학西學이 모두 당대 사회에 인간평등사상을 전파했다는 면에서는 유사하다 해도, 원래 서학에 반대하면서 출발한 동학 분위기의 문중을 기독교로 전환하는 일은 결코 쉽지 않았을 것이다. 이를 통해 볼 때 여운형은 젊어서부터 논리적이고 설득력 있는 언변과 추진력을 지녔던 것 같다.

1900년대 이후 동학교도가 기독교로 개종하는 사례는 종종 있었다. 백범白凡 김구金九도 그러했고, 동학농민운동에 참여했던 숙부 여승현은 1912년 묘곡교회의 장로까지 되었다. 안창호安昌浩·이동휘李東輝·이상재李商在·이승만李承晩 등도 이 시기에 모두 기독교인이 되었다. 서울에서 신학문을 공부하던 여운형도 당시 기독교가 조선의 청년·아동에게 근대 학문을 가르치고 각종 문물을 전파하는 계몽운동의 중심에 있음을 충분히 간파할 수 있었다. 그래서 그는 고향 마을에 묘곡교회를 세운 다음 해인 1907년에 묘골의 고향집에 기독사립 광동학교光東學校를 설립했다. 일제의 국권침탈이 한 단계 더 나아간 이 시기에 일단 먼저 고향 마을 청년들의 민족의식을 고취하는 활동부터 본격적으로 시작했던 것이다. 아울러 그는 양평 지역의 국채보상운동도 조직하면서 본격적으로 애국계몽운동에 발을 들여놓았다.

노비문서 소각

이 시기 여운형은 개인적으로도 여러모로 아픔을 겪었다. 1903년 열여덟이라는 어린 나이에 부인을 잃고, 같은 해에 연이어 존경하고 따르던 할아버지마저 세상을 떠났다. 또 2년 뒤인 1905년에는 어머니를, 다음 해인 1906년에는 아버지마저 저 세상으로 보냈다. 이로써 스무 살의 나이에 여운형은 명실상부한 가장이 되었다. 그런 그가 가장의 권위를 가지고 여씨 문중에서 제일 먼저 한 일이 바로 기독교로 개종하고 학교를 설립하는 일이었다. 개화에 뜻을 달리하며 동학이나 서학에 반대했던 부친이 세상을 떠났기 때문에 가능했을 것으로 짐작된다.

　부친의 탈상이 끝난 1908년에는 더욱 혁신적인 일을 단행했다. 대대로 집안에서 모셔온 신주神主를 모두 땅에 묻어 제사를 지내지 않겠다고 하고, 노비 문서와 빚 문서를 모두 소각하는 선도적인 모습을 보였던 것이다. 여운형은 10여 명의 노복들을 모아놓고 모든 문서를 불태운 후 다음과 같은 취지의 당부를 했다고 한다(여운홍 1967, 15~16쪽).

그대들은 다 해방이다. 지금부터 저마다 자유롭게 행동하라. 이제부터는 상전도 없고 종도 없다. 사람은 날 때부터 평등하다. 주종지의主從之義는 어제까지의 풍습이고 오늘부터는 그런 구각舊殼을 벗어나 제각기 알맞은 직업을 찾아가라.

23세의 어린 나이에 당차게 '노비해방'을 한 것이었는데, 미국 에이브러햄 링컨 대통령의 노예해방에서도 큰 영향을 받았다고 한다. 1894년 갑오개혁으로 공·사노비의 해방이 선포된 지 10여 년이 지났다고는 해도, 사노비의 경우 여전히 양반가문에 얽매여 있는 게 현실이었다. 때문에 어린 여운형의 이러한 행동을 두고 양평 지역의 양반 지주들은 벌떼같이 일어나 그를 성토하고 문중에서는 그를 축출하겠다고 목소리를 높였다. 그럼에도 그는 끝까지 신념을 굽히지 않았다. 이 일을 통해 볼 때 여운형은 자신이 배워 옳다고 믿는 내용은 곧바로 실천에 옮기는 행동가형이었음을 알 수 있다.

승동교회 전도사 활동

1907~1908년은 여운형의 삶에서 매우 중요한 전환기였다. 1907년부터 여운형은 클라크가 담임목사로 있던 서울 인사동의 승동교회勝洞敎會에서 조사助師(Helper), 즉 전도사로 활동했다. 1893년 미국 북장로회 선교사 사무엘 무어Samuel F. Moore(한국명 모삼열)가 설립한 승동교회는 당시 '백정교회'라고 불릴 정도로 사회적 소외계층인 천민층을 중심으로 한 교회였다. 1898년 10월 28일 독립협회가 종로 네거리에서 관민공동회官民共同會를 열었을 때, 박정양朴定陽 등 고관대신들 앞에서 백정 출신으로

승동교회 교인인 박성춘朴晟春이 시민대표로 나가 '충군애국'에 관한 연설을 한 사건 때문에 장안의 화제가 되었던 바로 그 교회이다.

이렇게 남다른 성격의 승동교회에서 여운형은 1907년부터 1913년 사이에 무려 5년 동안이나 조사로 일했다. 이 사이에 잠시 강릉에 교사로 가서 청년교육에 힘썼던 1910년 봄부터 1911년 가을 무렵까지를 제외하고는 승동교회 전도사 일을 계속했다. 1906년 무어 목사가 세상을 떠나자 클라크가 그 후임을 맡게 되었는데, 그는 담임목사로 부임하자마자 여운형을 조사로 임명하고 월급 20원을 지급했다. 승동교회 부속으로 기독교학교와 여자소학교까지 설립한 상황에서 유능한 인재가 필요했기 때문이었다. 동생 여운홍이 훗날 "곽 목사는 우리 형제의 은인"이라고 표현했을 정도로 처음 상경했을 때부터 클라크는 여씨 형제에게 매우 고마운 존재였다.

애국계몽운동과 신민회 참여

1907년 무렵 승동교회에서 돌아오던 길에 여운형과 여운홍은 우연히 대한협회大韓協會에서 주최한 강연회에서 안창호의 강연을 듣게 되었다. '대한의 장래'라는 제목의 강연은 이들 형제에게 큰 감동을 주었고 장차 독립운동에 참여할 뜻을 굳히는 계기로도 작용했다. 부친의 탈상이 끝나고 집안의 노비를 모두 해방한 1908년에는 아예 서울 창신동으로 이사하여 본격적으로 애국계몽운동에 뛰어들었다.

이때부터 동대문 밖 여운형의 집에는 매일 수많은 사람들이 드나들었다고 한다. 양반가의 흔한 풍습대로 매일 두세 명 이상의 손님을 치르는 건 일반적인 모습이었다. 기호흥학회畿湖興學會나 관동학회關東學會 등 여러 단체 동지들의 모임장소로도 자주 활용되었다. 1908년 『기호흥학회월보』 제3호에 따르면, 당시 여운형은 이 단체의 평의원으로 활동하면서 매월 개최되는 총회나 연설회 등의 행사에 적극적으로 참여한 것으로 나타난다.

이 시기에 여운형은 황성기독교청년회YMCA와 상동청년학원尙洞靑年學院 등을 중심으로 활동하던 이상재·이회영李會榮 등 여러 인사들과도 교류하면서, 이후 독립운동가로 활동할 수 있는 인적 기반을 다졌다. 1903년 호머 헐버트Homer B. Hulbert(한국명 할보)를 회장으로 조직된 황성기독교청년회는 교육·계몽·선교에 목적으로 두고 주로 조선 청년들을 대상으로 연설회와 토론회를 운영하던 계몽단체였다. 1908년 12월 종로에 황성기독교청년회관, 즉 YMCA회관이 건립되면서 이곳은 일반 교양에서부터 시국 문제에 이르기까지 수많은 강연회·토론회의 장이 되었다. 매회 청중이 1,000~3,000명에 이를 정도로 대성황을 이루었다고 한다. 이 시기 여운형은 각종 학회나 학교의 설립과 관련하여 통감부 등 관청과 관련된 복잡한 인허가 업무를 처리하는 일을 도맡았다. 말하자면 행정적인 일처리에도 탁월한 수완과 능력을 발휘했던 것이었다. 우리나라 최초의 선교사다운 선교사라고 여겨지는 호러스 언더우드Horace G. Underwood(한국명 원두우)와 알게 된 것도 이 무렵이었다.

또한 여운형은 "가난한 자에게 기쁨을, 갇힌 자에게는 해방을, 억압받는 자에게는 자유를, 계급사회를 평등하게"라는(강덕상 2007, 68쪽) 메시지를 담은 상동교회尙洞敎會 목사 전덕기全德基의 설교에 크게 감화를 받았다. 당시 상동교회를 중심으로 한 상동청년학원에는 이상재·이회영뿐만 아니라 이시영李始榮·이동녕李東寧·여준呂準·주시경周時經·김규식金奎植·박은식朴殷植·김구 등 수많은 인사들이 참여했다. 당시 '상동청년회'라고도 불리던 상동청년학원은 실제로는 민족운동의 근거지나 다름없는 곳이었다. 이곳을 중심으로 그때까지의 애국계몽운동과는 달리 "기존의 합법적인 학회와 단체가 다하지 못한 구국운동을 적극적이고 투쟁적으로 전개하려는 데 목적"(윤경로 1990, 182쪽)을 두고 1907년 신민회新民會가 조직됨으로써, 항일민족운동의 새로운 분수령이 마련된 것도 우연은 아니었다. 이러한 시기에 이곳을 드나들며 여러 인사들과 교류하던 청년 여운형도 당연히 신민회에 참여하여 활동했다.

국권침탈의 비운을 맞아
중국 망명길에 오르다

강릉 초당의숙에서 맞은 국권침탈

일제의 강제병합조약 체결을 앞둔 1910년 봄 여운형은 강원도 강릉에 있는 초당의숙草堂義塾에 교사로 초빙되었다. 1906년에 근대식 야학교로 출발한 초당의숙은 1908년 일제의 「사립학교령」 발포로 어려움을 겪고 있었다. 여운형이 관동학회와 관련 있던 초당의숙으로 가게 된 경위로는 이 학교를 후원하던 남궁억南宮檍이 여병현에게 부탁했을 가능성이 높다. 강릉 지역의 청년교육을 활성화하고자 한 남궁억의 요청으로, 사촌 여운일呂運一을 비롯해 김창제金昶濟·이태순李泰淳 등과 함께 파견된 것으로 볼 수 있다. 여운일은 강릉의 또 다른 사립학교인 동진학교東震學校에서 교사로 활동했는데, 여운형도 이따금 동진학교에 출강했다.

그런데 여운형은 강릉에 그리 오래 머물지 못했다. 초당학교에 부임한 지 얼마 지나지 않은 1910년 8월에 끝내 일제가 자행한 국권침탈이라는 비운悲運을 맞았기 때문이다. 강점 이후 일제 당국은 처음에는 이전까지 사용하던 단군기원檀君紀元 연호를 사용하지 못하게 하고 서기西紀 연도를 사용하도록 했다. 그러나 얼마 안 되어 이마저 사용할 수 없다면서 일본의 연호인 메이지明治를 쓰도록 강요했다. 이러한 강압적인 조치들에 저항하다가 1911년 여름 무렵부터 초당의숙과 동진학교를 비롯한 강릉의 31개 사립학교가 폐교를 당하고 말았다. 울분을 가슴에 안고 여운형은 다시 서울로 돌아올 수밖에 없었다.

직업 선교사의 꿈과 청년계몽운동

승동교회로 돌아온 여운형은 다시 전도사로 활동하면서 선교사가 되려는 뜻을 품었다. 승동교회의 600명 권사 중 한 명으로서 전도 활동에 열중했으며, 일요일에는 가끔 교회에서 직접 설교하기도 했다. 원래부터 언변이 뛰어났던 그는 조선과 일본의 관계를 유태인과 로마인에 비교하면서 '정치적으로도 정신적으로 완전히 해방된 기독교국 조선'을 외쳐 수많은 신도를 감동시켰다. 그의 열변에 감화되어 불과 몇 개월 사이에 서울에서 4,000명의 신도가 모여들었을 정도였다고 한다. 클라크뿐만 아니라 언더우드나 제임스 게일James S. Gale(한국명 기일) 등 목사들도 모두 전도사 여운형을 인정하기에 이르렀다.

다시 서울로 온 후 여운형은 황성기독교청년회YMCA 운동부장으로 활동하면서 청년계몽운동에 더 힘을 쏟았다. 유달리 운동과 스포츠를 좋아했던 여운형은 "건강한 육체에 건전한 정신이 깃든다"는 말대로 혹시라도 국권침탈로 조선 청년들의 사기가 꺾일까봐 운동을 더 중시했던 것이다. 1912년 가을에는 YMCA 운동부장으로서 야구단을 이끌고 도쿄로 원정경기를 다녀오기도 했다. 당시 1910년 미국 유학에서 돌아온 이승만이 YMCA 학생부 간사를 맡고 있었으니, 이승만과는 이때부터 인연이 있었다고 할 수 있다. 기호흥학회 회계감독을 맡고 있던 개성 출신의 이만규와 평생의 우정을 쌓게 된 것도 이 무렵부터였다.

강릉에서 돌아온 후부터 직업 선교사가 되려는 뜻을 품은 여운형은 1912년 평양신학교平壤神學校에 입학했다. 당시 평양신학교는 1년 가운데 9개월은 교회 일을 하고 3개월 동안만 집중 강의를 받았다. 그렇게 5년을 마치면 정식으로 졸업장을 받고 목사가 될 수 있었다. 이러한 학제 덕분에 여운형은 서울에서 계속 승동교회 조사로 근무하면서 3월 1일부터 6월 15일까지만 평양에서 신학교를 다녔다. 하지만 이러한 생활도 잠시뿐이었다. 이렇게 2년의 과정을 마친 후 여운형은 평양신학교를 그만두었고, 중국 유학을 결심했다. 물론 여기에는 당시 평양신학교의 분위기가 그다지 마음에 들지 않았던 것도 작용했다. 훗날 검거된 후의 「신문조서訊問調書」를 보면, 미국인 선교사 중심의 신학교가 "원래 조선인을 위한 선교인데도 자기들 편한 대로 선교를 하는 등 방법이 부합하지 않는 점이 있었다"라고 언급한 데서 알 수 있다.

그런데 여운형이 중국 유학, 더 정확히 표현하자면 중국에 망명하는 길을 선택한 데에는, 국권침탈 이후 국내 기독교계의 변화라는 또 다른 중요한 배경도 자리 잡고 있었다. 일제의 기독교 침탈이 강화되면서 구미 선교사 가운데 일부가 이를 받아들이는 방향으로 선회하기 시작했다. 동시에 일본의 기독교 교파 중 하나인 조합교회組合敎會가 조선에 진출하여 1912~1913년 사이에 급격히 그 세를 확장시켜갔다. 이러한 가운데 조선총독부를 등에 업은 조합교회 측에서는 조선인 목사나 전도사들을 설득하기 시작했고, 여기에 굴복하는 사람들도 생겼다. 이에 반대하던 여운형 등은 조합교회 측을 "한·일 양 민족의 동화에 힘써 그들의 왕을 섬기는" 사교邪敎라고 공박했으며, 조선 기독교계 내부의 적대관계는 깊어져갔다. 이렇게 일제강점 이후 기독교 본연의 모습이 변질되어가자 여운형은 국내에서 기독교를 활용해 국권회복운동을 전개하는 일이 더 이상 어렵겠다는 판단이 들었고, 결국 중국으로 망명할 결심을 하게 되었던 것이다.

중국 망명 준비

1914년 12월 여운형은 집안의 재산을 모두 정리하여 난징南京의 진링대학金陵大學으로 유학을 떠난다는 명분으로 중국 망명길에 올랐다. 강릉에서 함께 청년교육에 힘쓰던 사촌 여운일은 일본으로 유학을 떠났고, 동생 여운홍도 1913년 6월 미국 우스터대학College of Wooster으로 유학을 떠난 상태였다. 여운홍이 유학을 떠나기 직전에 남다른 우애를 자랑하던 형제는 기념사진을 찍었다.

여운형은 유학자금을 마련하기 위해 고향의 논을 담보로 언더우드 목사에게 600원을 빌렸다. 여운형이 진링대학에 입학할 때에도 언더우

1913년 동생 여운홍의 미국 유학 직전 기념 사진(기념사업회 소장)

드가 추천장을 써주었다. 이즈음 클라크 목사가 친일적 성향으로 돌아서기 시작하면서 언더우드와의 관계가 더욱 돈독해졌다. 그가 신학을 공부하겠다고 하자 언더우드는 다음과 같이 말했다고 한다(장원석 2014, 9쪽).

당신과 같은 사람이 끝까지 신학을 연구할 것 같지는 않소. 조선의 청년들은 모두 정치적 지향성이 강하오. 나는 김규식에게도 이 같은 말을 했는데, 당신도 분명 정치운동을 할 것이오.

　언더우드는 당시 조선 청년들의 입장을 정확히 보고 있었던 것이다. 일찍이 미국 유학을 마치고 국내로 들어와 여운형과 함께 기독교계에서 청년계몽운동을 했던 김규식도 '105인 사건' 이후 일제 당국의 회유와 압박을 더 이상 버티지 못하고 1913년 봄 중국으로 망명을 한 상태였다. 일제의 국권침탈과 '105인 사건'이라는 어이없는 탄압을 거치면서 수많은 애국지사들이 국외로 망명했다. 조선이 일본에 완전히 병합되어 무단통치가 실시되던 상황에서 본격적으로 독립운동을 펼치려면 중국 대륙으로 건너가는 게 유리하다는 판단도 작용했다. 이러한 상황에서 여운형 역시 중국으로 망명하는 길을 선택했던 것이다.

　중국으로 떠나기 전인 1914년 초에 여운형은 운이 좋게도 먼저 간도 지역을 돌아볼 수 있는 기회가 있었다. 서간도 지방에 심한 기근이 들어 이를 위무하기 위해 클라크가 만주로 파견될 때 동행했다. 류허현柳河縣의 싼위안바오三源浦를 거쳐 퉁화현通化縣의 허니허哈泥河로 들어갔다. 그곳에서 경학사耕學社와 신흥강습소新興講習所를 설립하여 독립을 위한 실력양성운동에 여념이 없던 이동녕·이회영 등을 만날 수 있었다. 이러한 과정을 통해 여운형은 만주나 시베리아의 상황 변화를 파악할 수 있었다. 그리고 1911년에 일어난 쑨원孫文의 신해혁명辛亥革命 과정을 주시하면서 그를 만나겠다는 결심도 굳혔다. 왜냐하면 앞으로 조선의 운명이 일본뿐만 아니라 중국·러시아·미국 등의 국제관계와도 밀접히 연결되어 있다고 판단했기 때문이다.

난징의 진링대학 유학

1914년 가을 총독부에서 여권을 교부받고 그해 12월 오랫동안 동지관계를 맺고 지내던 후배 조동호趙東祜와 함께 중국 유학길에 올랐다. 가는 길에 개성開城의 이만규 집에 들러 하룻밤을 묵은 후 먼저 중국 칭다오靑島로 향했다. 두 사람은 압록강을 넘어 중국 안둥安東(현 지명은 단둥丹東)의 선박무역회사 이룽양항怡隆洋行의 도움으로 배를 타고 칭다오로 건너가 1개월가량 머물렀다. 여운형이 중국으로 간 때는 1914년 8월 11일 제1차 세계대전이 일어나 세계열강들끼리 그때까지의 인류역사상 가장 큰 전쟁을 벌이던 상황이었다. 또 전쟁 중에 산둥반도山東半島의 이권을 둘러싸고 중·일이 갈등을 겪으면서 동아시아의 장래가 재편되고 있던 때였다. 원래 독일의 조차지였던 칭다오는 그해 11월 7일 영·일 연합군에게 넘어갔고 일본은 남양군도까지 차지했다.

평소 남달리 국제적 환경에 관심이 많았던 여운형은 아마도 이러한 변화의 현장을 직접 보고 싶었을 것이다. 독립운동이건 사회운동이건 이를 이끌어가는 지도자에게는 국내외 정세를 정확히 파악하고 판단할 줄 아는 눈, 자기 집단 내의 주체적 역량을 정확히 진단할 줄 아는 힘, 이 둘의 조화 속에서 내리는 판단력과 실천력이 다른 무엇보다 중요하다. 국내에서 청년계몽운동을 전개하던 그가 중국 망명을 결심한 선택 자체가 이러한 판단력에 기초한 것이었다. 세계대전의 결과와 조선 독립의 기회를 주시하면서, 외교독립을 모색하건 무장독립을 준비하건 정세에 대한 정확한 판단이 그 선결 요건인 시기였다. 이렇게 젊어서부터 국제적 감각을 익히는 데 게을리하지 않았던 덕분에 여운형은 훗날 누구보다 시대와 역사의 흐름을 정확하게 읽고 그 요구에 따라 실천할 줄 아는 지도자가 될 수 있었다.

여운형과 조동호는 상하이上海와 전장鎭江을 경유해 난징에 도착하여 1915년 2월 초 현재의 난징대학南京大學인 진링대학에 입학했다. 원래 여운형과 조동호는 신학을 공부할 생각이었으나 진링대학에는 신학과가 없어서 여운형은 영문과, 조동호는 중문과로 들어갔다. 서른의 나이에 생소한 영어와 중국어를 공부한다는 게 쉽지만은 않았다. 방학 때면 국내로 들어와 중국의 상황을 알려주고 국내 사정을 파악해 돌아가기도 했다. 1915년 여름에는 경기고등보통학교에 재학 중이던 이범석李範奭을 상하이로 데려왔고, 그 덕분에 이 청년은 훗날 독립군 지휘관이 될 수 있었다. 이렇게 여운형은 일찍부터 뜻있는 청년들을 육성하는 데 특히 큰 관심을 가졌다.

이와 같이 난징에서 2년 동안 영문학을 공부한 여운형은 1917년 봄에 또 다시 학교를 중퇴했다. 원래 본격적으로 영문학을 공부할 생각이 없었던 데다가, 진링대학 시절부터 상하이에서 조직된 동제사同濟社·신아동제사新亞同濟社·체화동락회棣華同樂會 등 여러 독립운동단체에 관심을 갖고 그들과 교류하고 있었다. 물론 난징에 있던 그가 이 단체들에 정식 회원으로 참여하여 활동했는지 여부는 불분명하다. 당대 자료나 오늘날의 연구에서 여운형이 동제사 성원이었다는 기록이 많이 있는데, 아마도 정식으로 회원이 되어 활동했다면 본격적으로 상하이 생활을 시작한 1916년 말에서 1917년 초 무렵부터였을 것으로 추측된다. 그렇게 상하이로 가서 원래 꿈이었던 기독교 전도사 생활을 하면서 본격적으로 독립운동을 하고 싶은 욕심에 학업을 중단하는 큰 결단을 내렸던 것이다.

상하이에 거류하며
교민 사회를 이끌다

상하이 교민 사회에 정착

대학을 중퇴하겠다고 결심한 여운형은 1916년 말부터 상하이로 가서 정착할 준비를 했다. 먼저 상하이 YMCA의 지원을 받아 안정된 직장을 구하고 교류의 폭을 넓히고자 했다. 이 시기 상하이에서는 기독교청년회를 중심으로 공중보건계획, 아편금지운동, 각종 스포츠 및 오락 활동, 교육·사회적인 쟁점에 대한 강연회 개최 등의 활동이 활발히 전개되고 있었다. 또 유스호스텔 등을 운영하여 많은 회원을 확보하고 있었는데, 이러한 활동의 배후에는 선교사들의 숨은 노력이 있었다.

처음 상하이에 왔을 때에는 그곳 생활에 정착하기 위해 다소 어려움을 겪었던 것 같다. 훗날 그가 검거되어 서울로 압송된 후인 1930년 6월 9일 경성복심법원京城覆審法院에서 작성된 「판결문」에 따르면, 1917년 상하이로 가서 '서점·철물점·잡지사 등에서 근무'했으며 이후 '사립 둥팡대학東方大學 영어과 교사 통신원'으로 일했다고 기록되어 있다. 그런데 현재 여운형에 대한 일반적인 기록에서는 대체로 처음에 잠시 종교 도서관인 이문사서관伊文思書館에서 영문사무원으로 일하다가, 이듬해인 1917년 1월부터 협화서국協和書局의 위탁판매부 주임으로 옮겨서 근무했다고 알리고 있다.

상하이 미국연합회가 경영하던 협화서국은 미국인 선교사 조지 피치 George A. Fitch가 맡고 있었는데, 1909년부터 상하이 YMCA 총무로 활동하면서 중국 내 기독교 사회운동을 적극적으로 펼치던 그를 만난 것은 큰 행운이었다. 조선인에게 매우 동정적이었던 피치는 서신 왕래 등 각종 편의를 제공하는 데에도 큰 도움을 주었다. 이 밖에도 여운형은 우산吳山이 경영하던 도로월간사道路月刊社에 관여했으며, 중화기독교청년회中華基督敎靑年會 등에서도 활동했다. 이러한 과정을 통해 상하이 재류동포와 중국인·구미인과 만나면서 독립운동의 국제적 지지 기반을 넓혀갔다.

어느 정도 상하이에 활동 기반을 마련한 여운형은 1917년 여름 잠시 국내로 들어와 부인과 장남을 데리고 상하이로 돌아갔다. 이제 완전히 상하이에 정착한 여운형은 본격적으로 기독교청년회와 한인교회 활동, 친목단체인 교민회 활동, 인성학교仁成學校 설립 등 교육활동을 통해 교포 사회 내에서 신망을 쌓아가기 시작했다. 특히 교포들을 위해 취업을 알선하거나 각종 민원과 분쟁을 조정하는 등 생활의 개선에도 앞장서면서, 교포사회 내에서 여운형은 점차 신임과 덕망이 높은 지도자로서 존경의 대상이 되어갔다.

상하이 한인교회 활동과 인성학교 설립

여운형은 중국으로 건너올 때부터 기독교 전도사를 하면서 독립운동을 전개할 꿈을 가지고 있었다. 학업을 중단하고 상하이에 둥지를 틀게 된 것도 바로 이러한 활동을 본격적으로 펼치기 위해서였다. 상하이의 한인동포들이 기독교 예배를 시작한 것은 1913년 최재학崔在鶴이 상하이로 오면서부터였다고 알려져 있다. 1914년 가을부터는 여운형의 평양신학교 동기생인 김종상金鍾商이 전도사를 맡았으며, 그 뒤를 이어 선우혁鮮于赫이 맡았다. 이때까지만 해도 예배 장소도 일정하지 않았고 인원도 많지 않았다. 그러다가 여운형이 본격적으로 상하이 생활을 시작한 1917년에 이르러서는 쓰촨로四川路에 있는 중국 기독교청년회관을 빌려 예배 장소로 사용하면서 30여 명 정도가 예배에 참석했다. 바로 이즈음 새로 교회 임원을 선출했는데, 여운형은 이때부터 전도사가 되어 상하이 한인교회를 중심으로 활발한 활동을 펼치게 되었다. 1919년 3·1운동 후 상하이 망명자가 늘어나면서 한인교회 활동도 점차 확장되어갔다.

여운형은 상하이 한인교회에서 활발히 활동하는 한편으로 교민 자제들의 교육에도 많은 신경을 썼다. 상하이 생활을 시작한 지 얼마 지나지 않은 1917년 2월 교민 자녀들이 중국어를 몰라 중국 학교에 입학할 수 없는 사정을 알고부터 교민학교인 인성학교를 설립했다. 처음에 학생 5명으로 시작했지만, 1929년에는 50여 명으로 늘어났다. 인성학교는 1919년 대한민국임시정부가 수립된 후에는 그 산하로 들어갔으며, 1920년부터는 상해대한인거류민단上海大韓人居留民團 소속의 공립 인

인성학교 기부금 모집 엽서(상해한국학교 소장)

성소학교로 자리 잡았다. 이때는 미국 유학을 마치고 돌아온 동생 여운홍이 교장으로 부임하여 모금 활동을 하면서 그와 함께 학교를 키워갔다. 이렇게 이때 여운형이 설립하여 여러 차례 교장을 역임했던 인성학교는 1975년까지 존속했다.

  이와 같이 한인의 교육에 특별한 관심을 두고 노력하던 여운형은 1917년 7월경부터 1918년 3월 사이에 무려 30명의 청년들에게 미국 유학을 주선했다. 그 이후에는 여권이 있어야만 미국으로 갈 수 있었기 때문에 쉽지 않았지만, 이후 파리강화회의 때까지는 40명 정도 청년들이 도미渡美할 수 있도록 도와주었다고 한다. 물론 이것이 가능했던 데에는 선교사 피치의 도움이 결정적이었다. 또 1924년 9월 김규식·최창식 등이 상하이 한인을 위한 고등교육기관인 상해고등보수학원上海高等補修學院을 설립하자, 여운형은 직접 전임교사가 되어 학생들에게 영어를 가르쳤다. 이러한 활동을 통해 여운형은 상하이 교포사회에서 점점 더 존경받는 인사로 성장해갔다.

한인거류민단 단장으로 임시정부 지원

상하이 한인사회에서 여운형이 한 매우 중요한 활동 중에 하나가 바로 교민들의 자치기관인 한인거류민단을 조직한 일이다. 1918년 9월 신석우申錫雨 등과 함께 상하이에 재류하는 500여 명 한인교포의 친목단체인 상해고려교민친목회上海高麗僑民親睦會를 조직했다. 사실 당시 상하이 거주 동포는 1910년 일제의 강제병합 이후 망명한 애국지사와 그 가족이 주축을 이루고 있었다. 망명자가 증가하면서 상하이 거주 한인의 수는 늘어났고, 이에 그 단합과 결속을 위한 모임이 필요했던 것이다. 상해고려교민친목회에서는 1919년 국내에서 3·1운동이 일어나자 이 소식을 국외의 동포들에게도 전하고자 『우리들 소식』이라는 인쇄물을 발행하고, 이를 만주 등지에 배포하는 등 독립의식을 고취하기 위해서도 노력했다.

1919년 3·1운동과 대한민국임시정부 수립을 거치면서 상하이 교민 사회의 역할은 한층 더 중요해졌다. 그래서 상해고려교민친목회는 1919년 9월 22일 총회를 통해 상해대한인민단上海大韓人民團으로 재탄생되었다. 이때 여운형은 초대단장으로 취임했으며, 총무 선우혁 등으로 새로운 간부진이 구성되었다. 이 민단은 1920년 1월 9일 상해대한인거류민단으로 명칭이 변경되었는데, 이때도 여운형이 단장을 맡았다. 1919년 11월 일본 도쿄로 가서 고위급들과 설전을 벌이고 상하이로 돌아온 직후였다고 할 수 있다. 거류민단은 대한민국임시정부 내무부의 지휘·감독을 받으면서 활동했는데, 그 중심에 여운형이 있었던 것이다.

이렇게 1919년 이래 여운형은 1929년 일제 경찰에 붙잡힐 때까지 10년 사이에 상하이 내 한인거류민단 조직의 단장을 무려 5번이나 맡았다. 단장 직은 호선互選, 즉 거류민들의 선거로 뽑았는데, 여운형을 제외하면 모두 1회로 끝났다. 물론 이 선거제도를 도입한 것도 여운형이었다. 임시정부 국무총리 이동휘 명의의 국무원령 제2호 35조로 「임시거류민단제臨時居留民團制」를 공포하도록 함으로써, 거류민단에 대한 자신의 생각을 공식화했다. 국내에서 멀리 떨어진 곳에 있는 임시정부로서도 상하이 한인의 지역 기반은 매우 중요했다. 20세기 들어서도 여전히 군주주권 국가인 대한제국 상태에서 일본의 지배로 들어갔기 때문에 조선인은 자립적인 근대 정부를 운영한 경험이 전혀 없었다. 따라서 비록 500여 명에 불과한 상하이 교민 사회 내에서 이렇게 자그마하게라도 민주주의의 경험과 훈련을 쌓아가는 일이 매우 필요했다.

이와 같이 오랫동안 상하이 거류민단 단장으로 활동한 여운형은 재류 동포의 권리 옹호와 생활 안정을 위해 노력하는 한편, 거류민단이 임시정부를 지지하는 하부조직으로 기능하도록 노력했다. 대부분 정치적 망명가로 구성된 상하이 한인 사회에는 사실 임시정부와 그 주변에서 활동하던 인물들이 많았다. 이렇게 10여 년간 상하이 교민 사회를 운영해 간 여운형의 모습에서, 대중 속으로 파고들어가는 '참된 정치가'로서의 자질을 엿볼 수 있다. 유일하게 무려 5선에 성공한 것만 보더라도 한인 사회 내에서 그의 위치가 얼마나 컸는지, 또 그가 얼마나 친밀하고 설득력 있는 지도자였는지 충분히 짐작된다. 이제 30대 중반으로 접어든 여운형은 상하이에 정착한 지 3년 만에 교민 사회의 대표자로 우뚝 섰다. 그의 이러한 모습에 대해 오늘날 한 연구에서는 "상하이임시정부 주변에서 이와 같이 진지하게 당해 지역의 동포를 위해 헌신한 인물을 더 이상 찾아 볼 수가 없다"고 평가한다(강덕상 2017, 83쪽).

신한청년당을 결성하고
독립청원서를 작성하다

신한청년당 창당 배경

여러 경로를 통해 늘 세계정세의 변화를 주시해오던 여운형은 그동안 상하이 독립운동단체들과 맺어온 관계, 한인 사회 내에서 다져온 신뢰 등을 바탕으로 1918년 신한청년당新韓靑年黨을 창당했다. 신한청년당의 창당 과정을 간략히 살펴보자.

1918년 6~7월경 그는 조만간 유럽에서 전쟁이 끝날 것임을 예측하고, 장기전이 될 수밖에 없는 조선의 독립운동에서 청년들을 조직화하는 일이 특히 중요하다고 판단했다. 마침 일본에서 유학을 마치고 상하이에 들른 장덕수張德秀도 이 의견에 적극 동조했다. 그래서 여운형은 장덕수를 비롯해 인식을 같이하는 조동호·신석우·선우혁·김철金澈·한진교韓鎭敎 등 6명과 매주 토요일마다 자택에서 정세토론 모임을 갖고, 세계대전이 끝난 후 어떻게 활동할 것인가에 대해 논의했다.

정기적인 모임을 운영한 직후인 그해 9월, 여운형은 평북 선천宣川에서 개최되는 기독교 노회에 참석한다는 명목으로 국내로 들어가 이승훈李昇薰을 만나고 또 서울로 가서 이상재를 만나 국내외 정세와 국내에서의 역할에 관해 협의한 후 10월경 상하이로 돌아왔다. 그리고 그해 11월 11일 여운형의 예상대로 4년 만에 제1차 세계대전이 막을 내렸다. 이에 여운형은 전후의 강화회의가 조선의 독립운동에 절호의 기회가 될 것이라 판단하고 구체적인 준비에 돌입했다.

신한청년당의 정확한 결성 시기에 대해서는 여러 설이 있는데, 일반적으로는 위 6명의 모임을 기준으로 1918년 8월경 결성되었다고 보는 견해가 많다. 뒤에서 자세히 언급하겠지만, 정식으로 신한청년당이라는 명칭을 내건 날은 11월 28일이었다. 또 나중에 창간되는 기관지 『신한청년(한문판)』의 「본당기략本黨紀略」에서도 "본 당 창설은 1918년 11월 28일"이라고 명확히 밝히고 있으므로, 창당일은 이날로 보아야 할 것이다.

한편 당시 모임에 참여한 인물이 주로 동제사의 소장층이었고 이들이 신한청년당 발기의 중심을 이루었다는 점에서, 신한청년당을 동제사의 전위단체로 보는 시각도 있다. 한말의 신민회에서 1910년대 초 동제사로, 1910년대 후반의 신한청년당으로 민족운동의 이념과 방략이 계승되고 있다는 평가다(강영심 2008, 78·84쪽).

신한청년당의 창당 배경에 대해서는 위에서 언급했듯이 급변하는 세계정세에 대처하기 위해 조직했다는 것 외에, 미국의 윌슨 대통령 앞으로 독립청원서를 보내는 주체 또는 김규식을 파리강화회의에 파견하기 위한 주체가 필요했다는 더 시급한 현실적 이유도 있었다. 그것은 1918년 11월 말 여운형의 바쁜 행보 속에서 여실히 드러난다. 신한청년당의 창당은 이 모든 상황들이 맞물리면서 추진된 것으로 봐야 한다.

독립청원서 작성

때마침 종전 직후인 1918년 11월 하순 미국 대통령 윌슨의 특사이자 친구인 찰스 크레인Charles R. Crane이 상하이를 방문했다. 여운형은 상하이 한인 교민단장 자격으로 11월 27일 닝보로寧波路의 칼튼Calton 카페에서 개최된 환영오찬회에 참석했다. 이 자리에서 크레인은 "파리강화회의에서는 민족자결의 원칙에 따라 많은 문제들이 해결될 것"이라는 요지로 간단한 연설을 했다. 그의 연설에 감동을 받은 여운형은 그에게 별도의 면담을 청하여, 강화회의에 한국 대표를 파견해 독립을 호소할 경우 국제적 지원을 해주겠다는 약속을 받아냈다.

여운형은 크레인이 강조한 민족자결주의, 피압박 민족의 해방, 파리강화회의에 한국 대표 파견 수용 등에 크게 고무되어, 열강에 한국 독립을 호소하려는 외교적 방법의 독립운동을 구상하고 실행에 옮기고자 했다. 한 걸음 더 나아가 여운형은 조선의 독립뿐만 아니라 독립된 조선을 벨기에와 마찬가지로 중립국으로 만드는 것이 동양평화의 요체라고 보고, 이를 위한 외교활동도 함께 벌이려 했다. 당시의 세계정세에 대해 어느 정도 낙관적인 기대를 했던 것으로 보인다.

이렇게 세계정세가 급격히 전개되어가고 있음을 알게 된 여운형은 이 날부터 2~3일 동안 상당히 바쁜 나날을 보냈다. 당일에 곧바로 장덕수·조동호 등을 만나 함께 '독립청원서' 초안을 작성하고, 다음 날인 11월 28일 위 무명의 모임을 개편하여 정식으로 '신한청년당'이라는 이름을 내걸었다. 그 다음 날인 11월 29일에는 '재중국 신한청년당 총무 여운형' 명의로 크레인에게 편지를 작성하여 11월 28일자 독립청원서와 함께 전달했다. 11월 30일에 미국으로 돌아가는 크레인을 통해 윌슨 대통령에게 문서를 전달하여 조선의 상황을 알리고자 했던 것이다.

이후 신한청년당에서는 독립청원서를 '신한청년당 대표 여운형' 명의로 바꾸고, 이렇게 수정된 문서를 다시 윌슨 대통령과 파리강화회의에 전달하고자 했다. 그래서 상하이에서 발간되던 영문 주간지 『밀라드 리뷰Millard Review』의 사장 토마스 밀라드Tomas F. Millard가 크레인의 수행원으로 파리강화회의에 참석하러 간다는 사실을 알고, 그에게 독립청원서를 전달해달라고 재차 부탁했다. 파리강화회의에 대표 파견이 어려울 경우에 대비해 윌슨 대통령과 파리강화회의 측에 각각 1통씩 제출해두려 했던 것이다. 조선의 사정에 동정적이었던 밀라드는 청원서 전달에 동의했지만, 실제로는 파리강화회의에서 한국 문제가 고려될 기회를 갖기는 어려울 것으로 보았다고 한다. 그런데 당시 이 두 통의 독립청원서는 모두 제대로 전달되지 않았다고 알려져 있다. 일제 당국의 방해로 요코하마에서 밀라드의 가방이 도난당했다는 설 등이 제기되었는데, 그 진위는 불분명하다.

당시 여운형을 중심으로 신한청년당에서 작성한 독립청원서는 제1차 세계대전의 종식을 가져다준 미국의 역할을 치하하면서 일본제국주의의 야심과 한국 독립의 당위성을 설파하는 내용을 담고 있다. 이 청원서는 내용상 서론·본론·결론으로 구성되어 있다. 서론 부분은 제1차 세계대전과 일본·한국의 관계, 본론 부분은 일제 통치하의 조선 상황, 결론 부분은 조선 독립에 대한 미국의 후원을 요청하는 내용이다. 그 서론 부분만 소개해보면 다음과 같다(정병준 2017, 246쪽).

> 제1차 세계대전은 미국의 참전으로 정의·인도·자유에 기초한 승리가 되었다. 파리강화회의에서 윌슨 대통령이 주장한 국제연맹이 세계평화의 유지기관으로 제시되었는데, 한국과 일본 문제는 동양평화 및 세계평화와 긴밀한 관계가 있다. 일본은 전제주의·군벌주의·관료주의·제국주의 국가로 자유주의·인도주의·평화주의·국제연맹을 이해하지 못하는 아시아의 스파르타이다. 일본은 대륙확장정책으로 만주·몽고·중국에서 우월권을 확보하려 하며, 조선과 타이완에서처럼 다른 외세를 축출하려 한다. 일본은 세계평화의 장애물이다. 일본의 대륙확장정책은 한국 점령에서 시작되었고, 한반도는 아시아의 발칸반도로 일본 육해군의 거점이 되었다. 한국은 4,200여 년의 역사를 가진 문명국가인데 평화를 사랑해 러일전쟁 이후 일본에 병합되었다. 일본은 항상 한국의 독립을 보증하고 동양의 평화를 주장했으나 결국 한국은 멸망했다.

조선에 대한 일제의 통치를 다룬 본론 부분에서는 조선의 상황을 정신적·정치적·경제적 방면으로 나누어 서술했다. 이를 포함한 독립청원서의 전체 내용은 "① 정의·인도·자유 등으로 대표되는 제1차 세계대전 승리의 정신과 미국과 윌슨 대통령의 공로에 대한 찬사와 기대, ② 일본이 전제주의·군벌주의·관료주의·제국주의에 기초해 한반도를 발판으로 한 대륙확장정책을 펴는 데 대한 경고, ③ 일본 점령하 한국의 상황을 정신적·정치적·경제적 측면에서 설명, ④ 한국인의 독립투쟁 의지 피력과 미국의 지원 요청" 등으로 요약할 수 있다(정병준 2017, 248쪽).

신한청년당의 설립 목적과 취지

신한청년당이라는 명칭은 여운형이 터키의 정치인 케말 파샤Kemal Pasha가 조직한 터키청년당을 참고했다고 알려져 있다. 당시 상하이에는 터키청년당원이 10여 명이나 활동하고 있었는데, 여운형은 유학생 아멜 베이Armel Bey 등에게서 터키청년당에 대해 들어 알고 있었다. 1918년 11월 28일 정식으로 처음 신한청년당이라는 명칭을 내걸었을 때는 여운형을 비롯한 조동호·신석우·선우혁·김철·한진교 등 6명의 구성원에다 파리강화회의 파견 대표로 정해진 김규식과 일단 형식적으로 당수를 맡았던 서병호徐丙浩를 포함해 8명 정도로 출발했던 것 같다.

이후 곧바로 상하이의 청년 동지들이 합류했던 것으로 보이며, 3·1운동 직후에는 국내나 일본에서 온 망명자가 늘어나면서 안정근安定根·김구·이광수李光洙·송병조宋炳祚·이유필李裕弼 등 다수가 참여하여 당원이 50여 명 이상으로 늘어났다. 창당한 지 1년 뒤인 1919년 12월 1일자로 기관지 『신한청년新韓靑年』을 국한문판으로 창간했으며, 한문판(중문판)은 1920년 3월 1일에 발간했다. 국한문판 창간사는 이광수가 썼고, 한문판 창간사는 박은식이 썼다. 기관지에 실린 「신한청년당 취지서」 전문에 따르면, 당의 설립 취지는 다음과 같다(임경석 편저 2010, 신한청년 항목).

청년아, 치욕을 설할지어다. 선조 시절의 영광을 회복할지어다. 인류의 금후의 역사를 빛낼 새로운 대 영광을 창조할지어다. 대한의 청년아, 이것이 우리의 직분이 아니냐. 신성한 직분, 행복된 직분, 면하랴. 면치 못할 직분이 아니냐. 위대하고 구원한 이 대 이상과 대 직분을 생각할 때에 우리는 한편으로 송구하여 전율하며 한편으로 장쾌하여 용약함을 금치 못하도. 우리 사업의 시초는 독립을 완성함에 있도. 우리의 수천대 조선의 피로 지킨 국토와 자유를 회복하여 우리의 천만대 자손이 생활하고 우리의 위대한 영원한 이상이 실현될 기업基業을 정함이 우리 사업의 시초로다. 우리는 마음으로, 몸으로, 피로, 목숨으로, 이를 위하여 힘쓰리라. 우리의 국토와 자유가 회복되는 날까지 싸우고 싸우리라. 그러나 대한의 청년아, 독립의 완성이 우리 목적의 전체라 말하지 말지어다. 이는 오직 우리 사업의 시작이니, 우리에게는 독립 이상으로 더 중요한 사업이 있도. 무엇이뇨. 같은 민족의 개조와 실력의 양성이니라. 우리 민족은 질이 우용優容하거니와 수백 년간의 타락을 거친 현대의 우리 민족은 궤휼하니라, 허위되고 이기적이요, 의리에 박하고 고식적이오, 위대한 이상이 없나니라. 우리가 영구하고 명예로운 독립한 국가의 자유민인 행복을 향하려 할진대 우리는 현대의 우리 민족을 근본적으로 개조하여 선하고 정대하고 충실하고 정직하고 애국심 있고 고달高達한 이상을 포부하는 신 대한민족을 이루어야 하나니라. 우리 민족은 학문을 사랑하고 창조력이 있더니라. 우리의 국토는 기후가 적의하고 천산이 풍부하더니라. 그러나 근대 불량한 정치하에 극도의 압박을 거친 현대의 우리 민족은 결코 학술기예와 창조발명을 가진 자가 아니요, 타 민족과 비견할 만한 부력을 가진 자가 아니라. 우리는 정신적으로 민족을 개조하는 동시에 학술과 산업으로 우리 민족의 실력을 충실케 해야 하나니라. 이로써 우리 민족 자체의 자유와 문화와 행복을 얻으려니와 이것으로 만족치 못하리니, 마침내 단군의 혈에서 나온 신문화가 전 인류에게 위대한 행복을 주기에 이르기를 기할지니라. 이러한 주지로 우리 기개 동인은 사생으로써 맹약하고 본당을 조직하니, 본당은 성공을 급치 아니하며 당원의 다함을 탐치 아니하노라. 한 걸음 한 걸음 근면히 실행하기에 힘쓸 뿐이오, 한 사람 한 사람 본당의 주지와 강령을 승인하는 절대로 승인하는 동지를 환영할 뿐이라. 대한의 청년아, 우리의 임이 중하고 도가 원하도다. 이에 수언으로 본당의 취지를 서하여 스스로 경계하며 아울러 전 대한의 청년 형제에게 고하노라.

신한청년당 결성 초기에는 당원이 소수였으므로 특별히 부서를 정하지 않고 여운형이 총무로서 당의 실질적인 모든 사무를 담당했다. 하지만 이후 당원이 증가하고 본격적으로 독립운동을 전개하게 되자 1919년 들어서는 당강黨綱과 당헌黨憲을 제정하고 조직의 부서를 구성했다. 몇 차례 부서를 설치하는 등으로 하여, 나중에는 재무부·교제부·토론부·체육부·출판부·서무부 등 6개 부서에 150여 명의 당원을 둔 거대한 조직이 되었다(강영심 2008, 81~82쪽). 신한청년당의 최상위 목적은 '대한독립'이며, 그 이념은 '민족주의·민주주의·공화주의·사회개혁주의·국제평화주의' 등에 기초하고 있었다. 『신한청년』 창간호에 실린 당강은 다음과 같이 간결하게 되어 있다(한문판 창간호, 102쪽).

- 대한독립을 기한다[期圖大韓獨立].
- 사회개조를 실행한다[實行社會改造].
- 세계대동을 촉성한다[促成世界大同].

요컨대 신한청년당은 여운형 등이 중심이 되어 제1차 세계대전 종전을 앞둔 국제정세의 변화를 지켜보면서 독립운동의 호기好期를 포착하려는 적극적인 대응책의 일환으로 창당되었다. 1917년 상하이에서 신규식申圭植 등 14명이 「대동단결선언」을 통해 임시정부 수립을 위한 민족대회 소집을 제창했음에도 이것이 즉각적인 호응이나 적극적인 독립운동으로 이어지지 못하자, 이를 계승하는 새로운 시도로 신한청년당 결성이 모색되었던 것이다. 그리고 신한청년당의 결성과 초기 활동은 도쿄에서의 '2·8독립선언', 국내에서의 '3·1독립선언'을 거쳐 국내외의 거족적인 독립운동으로 이어지는 출발점이 되었다.

신한청년당의 해산

신한청년당의 해산과 관련해서는 여운형 자신도 엇갈리게 진술했다. 훗날 일제 당국의 신문 과정에서 1922년 12월 중순에 해산했다는 진술도 했고, 1924년 3~4월경 해산되었다고도 했다. 오늘날 일반적으로는 1922년 12월 중순 자진 해산을 결정했다고 알려져 있다. 그 직접적인 배경에 대해서는 일반적으로 이 시기 들어 안창호를 중심으로 한 흥사단興士團이 상하이에서 세력을 넓혀가고 있었고, 여운형을 비롯한 다수 인사가 '공산주의자 그룹'에 참여하면서 임시정부와 알력이 생겼다는 점 등을 들고 있다. 하지만 이렇게만 보면 마치 당시 상하이에서 안창호 세력과 여운형 세력, 임시정부가 대립관계에 있었던 것처럼 오해할 수 있다. 실상은 그와 반대로서, 오히려 1921~1922년은 안창호와 여운형이 가장 밀접하게 협력하고 있던 시기였다. 이 시기 안창호와 여운형은 임시정부 개조를 위한 국민대표회의 소집을 지속적으로 요구하는 등 독립운동 진영 내에서 공조를 펼치고 있었다.

따라서 신한청년당의 해산 배경은 위의 상황뿐만 아니라 상하이에서 임시정부의 존재와 활동 그 자체, 그리고 상호관계에서 찾아야 한다. 여운형 스스로 진술했다시피 국제적인 관계에서 신한청년당의 외교활동과 임시정부의 외교활동을 혼동하여 신한청년당과 임시정부를 혼동하는 일이 종종 있어왔고, 이로 말미암아 임시정부의 원로들이 지속적으로 신한청년당의 해산을 요구해왔다는 점도 중요하다. 특히 신한청년당 대표로 파리강화회의에 파견된 김규식이 1919년 4월 임시정부의 파리위원부가 설치되어 그 대표를 겸하면서 동시에 임시정부 외무총장도 겸했다. 따라서 조선의 실정을 상세히 알지 못하는 외국인은 신한청년당과 임시정부를 종종 혼동할 수밖에 없었다. 한편 신한청년당과 임시정부가 모두 상하이에 있었다는 점도 혼동을 초래한 한 요인이었다. 독립운동 진영을 둘러싸고 급격히 변화해가는 여러 정세들이 복합적으로 작용하면서, 신한청년당에서는 1922년 12월 중순 서병호의 집에서 회의를 열고 임시정부의 요청을 받아들여 해산을 결정했던 것이다. 이후 1925년 초에 일시적으로 신한청년당을 부활하려는 움직임도 있었으나 큰 성과는 없었다.

3·1운동의 불씨를 지피다

파리강화회의에 민족대표 파견

여운형을 중심으로 한 신한청년당에서는 크레인과 밀라드에게 두 통의 독립청원서를 전달했지만, 이와는 별도로 김규식을 민족대표로 파리강화회의에 직접 파견하기로 결정했다. 상하이 외에도 파리강화회의에 대표를 파견하려고 추진했던 지역은 있었지만, 실제로 파리로 대표단을 보내 독립청원서 제출에 성공한 곳은 김규식을 파견한 상하이의 신한청년당뿐이었다. 이는 일제의 강제병합 이후 무단통치 아래서 10년 동안 침잠되어 있던 민족적 에너지를 폭발시킨 주요한 기폭제가 되었다.

김규식은 1904년 미국 유학을 마치고 귀국했다가 1910년대 초 다시 중국으로 망명하여 신규식 등과 함께 동제사·신한혁명당 등을 통해 독립운동을 전개했으며, 1917년 「대동단결선언」에도 참여한 지도적인 인

1919년 파리강화회의에 파견된 조선대표단(기념사업회 소장)
앞줄 오른쪽과 왼쪽 끝이 각각 김규식과 여운홍, 뒷줄 두 번째가 이관용, 세 번째가 조소앙, 오른쪽 맨 뒤가 황기환이다.

물이었다. 1950년 3월 5일 그가 직접 영문으로 작성한 자필 이력서에 따르면, 파견 대표로 결정되기 전인 1918년 몽골의 우르가^{Urga}(울란바토르)에서 미국·스칸디나비아계 회사인 마이어$^{Myer\ \&\ Co.,\ Ltd}$ 지점을 개설하고 지배인으로 일하면서 틈틈이 러시아상업학교 등에서 영어를 가르쳤다. 원래는 몽골에서 만주로 건너가 목장을 경영할 계획이었다고 한다. 그런데 제1차 세계대전의 정세를 지켜보면서 다시 중국 톈진^{天津}으로 돌아와 미국계 회사인 피어론 다니엘사$^{Fearon\ Daniel\ Co.,\ Inc.}$에서 근무하고 있었다(강만길 2003, 395쪽). 1918년 말 톈진에 있던 김규식은 여운형의 요청으로 상하이로 와서 함께 신한청년당을 창당하고, 파리강화회의 파견 대표라는 막중한 임무를 맡게 되었던 것이다.

어렵게 배표를 구한 김규식은 1919년 2월 1일 프랑스의 우편선 포르토스Porthos를 타고 상하이를 출발해 3월 13일 파리에 도착했다. 도착 직후 제일 먼저 파리에 '한국공보국'을 설치하고 강화회의에 제출할 한국 독립에 관한 탄원서 등을 작성하는 한편, 4월 10일 『공보국회보Circulaire』 제1호를 발행했다. 공보국 사무는 스위스에 유학 중이던 이관용李灌鎔이 맡았으며, 5월 초에는 상하이에서 온 김탕金湯이 대표관을, 6월에는 미군으로 독일전에 참전했던 황기환黃玘煥이 와서 서기장을 맡았다. 또 얼마 후에는 상하이에서 조소앙趙素昻과 여운홍이 와서 합류했다. 앞의 파리강화회의 조선 대표단의 사진을 보면, 김규식과 함께 여운홍·조소앙·이관용·황기환 등이 자리하고 있다.

그런데 김규식이 파리로 가던 도중 스리랑카의 콜롬보에서 만주에 있던 부인 김순애金淳愛에게 편지와 독립청원서 초안을 보내려다가 콜롬보의 영국 우편국 검열에 걸렸다. 1919년 2월 25일 영국 우편검열국은 김규식의 편지와 독립청원서 초안에 대해 육군성에 보고했는데, 당시 보고된 청원서 초안은 여운형 등이 작성한 초안과 형식 면에서 다소 차이가 있었다. 이를 근거로 "김규식이 상해그룹의 문서에 만족하지 않았는데, 상해그룹의 청원서는 재미 한인들의 접근 방법과는 꽤 차이가 있었기 때문"이라고 추정하기도 했다(구대열 1995, 234쪽). 하지만 내용 면에서는 기본적으로 여운형 등의 청원서가 그대로 반영되었다(정병준 2017, 251쪽).

김규식이 파리강화회의에 제출한 13개조(국사편찬위원회 소장)

　이 독립청원서 초안을 토대로 김규식은 1919년 4월 3일 「한국 위원이 강화회講和會에 제출한 13개조」라는 문서를 작성했는데, 그 말미에는 '신한청년당 대표 김규식'이라고 명기했다. 이후 4월 중에 한국공보국에서는 강화회의에 제출할 독립청원서를 몇 차례 수정했을 것으로 추측되며, 아울러 이에 첨부할 「한국민족의 주장」이라는 문서도 작성했다. 실제로 김규식이 5월 6일 파리강화회의 사무총장에게 보낸 청원서는 20개조로 되어 있으며, 「한국민족의 주장」은 이 20개조의 내용에 대해 근거와 자료를 제시하면서 더 상세히 논리적으로 설명한 것이었다. 어쨌든 우여곡절 끝에 파리강화회의에 '신한청년당 대표 김규식' 명의로 독립청원서가 보내졌는데, 그 모본이 된 것은 앞서 살펴보았듯이 1918년 말 여운형 등이 작성해 크레인을 통해 미국의 윌슨 대통령과 파리강화회의에 전달하고자 했던 독립청원서였다.

국제사회에 독립 의지 설파

물론 밀라드의 예상대로 파리강화회의에 한국 문제는 상정되지 않았다. 사실상 제1차 세계대전 전승국들의 잔치인 강화회의에서 영·미와 친밀한 전승국 일본의 식민지인 조선이 독립이라는 성과를 얻어낸다는 것은 처음부터 불가능한 일이었다. 때문에 김규식이나 여운형도 이에 대해 백퍼센트 확신하지는 않았다. 다만 열강의 묵인 아래 일제의 한반도 강점이 이루어졌고 일제 당국이 처음부터 줄곧 조선인이 일본의 지배를 기꺼이 받아들이고 있는 것처럼 선전해온 상황에서, 국제사회에 그 부당함을 알리고 조선인이 이에 저항하고 있음을 보여주겠다는 목적도 있었다. 조선의 상황과 조선인의 입장을 널리 알리고 독립을 호소하는 데 강화회의만큼 효과적인 장은 없었던 것이다. 물론 일본의 끈질긴 방해로 강화회의에 한국 문제가 상정되지 못했고 이에 임시정부 쪽에서는 다시 국제연맹에서 대한민국임시정부 승인을 기대하기도 했지만, 이 역시 당시 상황에서는 이루어질 수 없는 일이었다.

말하자면 이러한 활동으로 조선이 실제로 독립할 수 있느냐 여부를 떠나서, 일제 강제병합 이후 처음으로 조선 독립에 관한 국제적 관심을 불러일으키고 조선 사회 내에 가라앉아 있던 독립 의지를 고무하는 데 파리강화회의보다 좋은 기회는 없었다. 급변하는 세계정세 속에서 신한청년당을 결성하고 독립청원서를 작성해 윌슨 대통령에게 전달하려 하고 파리강화회의에 김규식을 파견해 독립청원서를 제출한 일련의 과정은, 제1차 세계대전 이후 세계정세의 흐름을 읽어내는 여운형의 탁월한 선견지명에서 나왔다고 할 수 있다.

간도·연해주에서 민족의 궐기 촉구

김규식을 파리강화회의에 파견하기로 결정함과 동시에 여운형은 신한청년당 당원들을 국내외 각지로 파견하여 이 사실을 알리고, 조선 독립에 관한 국제적 관심을 불러일으킬 수 있도록 전 민족적인 궐기를 촉구했다. 당원의 파견은 대부분 1919년 1월 중순 무렵부터 말경에 추진되었고 여운형 자신도 1월 20일 블라디보스토크를 향해 출발했다고 한 것으로 보아, 이러한 활동은 김규식의 파리 파견 결정과 동시에 계획·준비된 것이었다고 할 수 있다. 말하자면 여운형은 조선 동포가 거주하는 각지에서 동시에 2·8독립선언이나 3·1독립선언 등이 일어날 수 있도록 기획하고 준비하려 했던 것으로 보인다. 이러한 각지 파견의 목적 중에는 김규식의 파리행과 그곳에서의 활동을 위한 자금을 마련하려는 것도 있었다.

신한청년당 당원들의 파견 상황을 보면, 먼저 조소앙·장덕수 등은 일본으로 파견되어 재일조선인 유학생들의 궐기를 조직했다. 또 김철·서병호·선우혁 등은 국내로 파견되어 이상재·손병희·이승훈 등 민족지도자들을 만나 자금을 모집하는 한편 만세운동을 촉구했다. 한편 이광수는 중국 내 각지로 파견되었으며, 여운형 자신은 만주의 창춘長春과 하얼빈哈爾濱을 들렀다가 연해주로 갔다. 원래 만주에는 조동호가 파견될 예정이었으나, 당시 『중화신보中華新報』 기자였던 조동호는 상하이에 남아 통신 연락 임무를 맡기로 하고 직접 여운형이 간 것으로 보인다. 간도와 연해주에 파리강화회의 대표 파견을 알리고 이를 후원하는 독립운동을 일으키도록 촉구했으며 후원자금을 모금하는 데도 노력했다. 또한 그해 2월에 연해주에 도착해서는 니콜스크·우수리스크와 블라디보스토크 등지에서 이동녕·문창범文昌範·박은식·조완구趙琬九·원세훈元世勳·강우규姜宇奎·이강李剛 등 여러 지도자들과 만나 독립운동에 관해 폭넓게 논의했다. 주요 주제는 '파리강화회의 대표 파견 문제와 동지 규합, 자금 조달, 도쿄 유학생들의 동향, 독립운동 중앙기관 수립 문제' 등 독립운동 전반에 걸쳐 있었다(김희곤 2008, 54쪽; 반병률 2013, 197쪽).

1917년 11월 러시아혁명이 성공한 이후 블라디보스토크를 중심으로 한 연해주 지방은 투옥·추방되거나 은거하고 있던 애국지사들이 재결집해 있던 독립운동의 최중심지였다. 여운형은 블라디보스토크에 약 2주간 머무르면서 그곳 전로한족중앙총회全露韓族中央總會를 통해 러시아혁명 이후 시베리아의 상황에 대해 구체적으로 들을 수 있었다. 그뿐만 아니라 국제적 감각이 남달랐던 여운형은 우랄전선에서 명성을 날린 체코군 총사령관 라돌라 가이다Radola Gajda와 만나 조선 독립의 원조, 약소민족의 해방 등에 대해 논의했다. 또 미국·영국·캐나다 3군사령부를 방문해 일제의 조선정책을 규탄하는 전단을 배포하기도 했다.

1919년 3월 6~7일경 가이다 장군이 내준 군용차로 블라디보스토크를 출발한 여운형은 다시 하얼빈과 창춘을 거쳐 상하이로 돌아왔다. 나중에 일제 당국의 신문 과정에서 여운형은 이때 돌아오던 중에 하얼빈과 창춘에서 국내의 3·1운동 소식을 듣고 급히 상하이로 돌아왔다고 진술했는데, 이미 블라디보스토크에서 그 소식을 듣지 않았을까 추측된다. 그렇게 오가는 시간을 빼면 한 달 남짓밖에 되지 않는 간도와 연해주 체제 기간 동안, 타고난 실천력과 언변의 소유자인 여운형이 보여준 행동이나 강연은 그곳 사회에서도 큰 파문을 일으켰다. 실제로 3월 8일과 13일 룽징촌龍井村에서 시작된 만주 한인의 만세시위운동과 3월 17일 니콜리스크에서 시작된 연해주 한인의 만세시위운동은 그 기간 동안 전개된 여운형의 활동과 관련되어 있었다.

3·1운동 기획에 대한 평가

여운형을 중심으로 신한청년당 당원들이 국내외 각지에서 활동하고 해당 지역의 독립운동 지도자들이 노력한 결과, 1919년 2월 8일 일본 도쿄에서 '2·8독립선언'이 발표되었으며, 3월 1일에는 서울에서 독립선언서가 공표될 수 있었다. 또 이러한 일련의 움직임을 계기로 1919년 내내 한반도 전역에서 만세시위운동이 계속 이어졌고, 이러한 시위운동은 해외 동포 사회로도 이어졌다. 이렇게 볼 때 여운형과 신한청년당이야말로 3·1운동의 불씨를 지피고 기획했던 선구적 역할을 했다고 할 수 있다.

이러한 활동으로 독립운동 진영 안팎에서 여운형의 위상은 상당히 높아졌다. 비록 3·1운동이 일어난 당대의 국제정세로는 조선인의 요구가 받아들여져 독립으로 이어질 수 있는 상황은 아니었다. 하지만 여운형과 신한청년당을 중심으로 한 이러한 노력과 국내외 전체 민중이 참여한 3·1운동의 물결은, 이로부터 25년 뒤 제2차 세계대전을 마무리하는 과정에서 세계열강이 조선의 독립 문제를 논의할 때 각국에 조선인의 독립 의지를 확인시켜주는 주요한 근거의 하나로 작용했다.

　여운형과 신한청년당이 3·1운동에 미친 공로에 대해서는 당시 상하이 임시정부와 각지의 독립운동 진영에서도 높이 평가했다. 대한민국임시정부 기관지 『독립신문』 1919년 8월 26일 기사에서는, 여운형이 크레인에게 보낸 청원서가 첫 '발단'이 되었으며, 신한청년당에서 김규식·장덕수·여운형 등을 프랑스 파리와 일본 도쿄를 비롯해 간도·연해주 및 국내로 파견한 것이 "정숙(표면상)하던 한토韓土 삼천리에 장차 일대풍운이 일어날 징조"였다고 서술했다. 오늘날 학계에서도 이에 대해 "2·8독립선언과 3·1독립선언에 미친 영향은 자못 컸다"(강덕상 2007, 174쪽), "3·1운동 발발의 진원지는 상해 신한청년당이었다는 사실은 재론할 여지가 없다"(강영심 2008, 96~97쪽), "연인원 2백만 명이 참가한 3·1운동은 국망 이후 10년간 침잠되어 있던 민족 에너지를 표면으로 끌어낸 대사변이었는데, 여운형의 청원서는 이러한 민족적 에너지의 대폭발을 초래한 중요한 기폭제가 된 것이다"(정병준 2017, 252쪽)라며 높이 평가한다.

임시정부의 수립과
유지에 노력하다

대한민국임시정부 수립의 주역

여운형과 신한청년당의 활동은 국제사회에 독립을 호소하고 3·1운동이라는 거족적인 항일독립운동을 이끌어냈다는 측면에서뿐만 아니라, 대한민국임시정부가 수립되는 과정에서도 주도적인 역할을 했다. 3·1운동이 일어난 직후 수많은 애국지사들이 상하이로 망명했고, 이들이 주축이 되어 조직적으로 임시정부 수립을 준비했다.

임시정부 수립을 위한 논의는 1919년 3월 말 여운형을 비롯한 신한청년당 당원들이 신규식을 중심으로 한 동제사와 함께 상하이 프랑스조계 바오창로寶昌路에 '독립임시사무소'를 설치하면서 본격화했다. 국내를 비롯해 일본·만주·연해주·미주 등지에서 여러 인사들이 상하이로 모여들어, 이곳에서 협의에 협의를 거듭했다. 그 결과 4월 11일 정식으로 임시의정원臨時議政院이 설립되었고, 이어서 「대한민국임시헌장」을 제정·선포하고 관제를 의결하고 국무총리와 국무원을 선출했다. 이렇게 하여 4월 13일 대한민국임시정부의 수립을 국내외에 선포하기에 이른다. 상하이에서 임시정부 수립의 근거지는 바로 독립임시사무소였고, 이를 설치하고 유지한 조직은 바로 여운형을 중심으로 한 신한청년당이었다. 또 독립운동의 중앙기관으로서 임시정부를 상하이에 둘 수 있었던 것도 여운형이 이동녕·조완구·조성환曺成煥 등 만주·연해주의 독립운동가들을 설득하여 동의를 얻어냈기 때문에 가능했다.

대한민국임시정부 수립 과정에서 여운형과 신한청년당의 역할은 여러 측면에서 드러난다. 제일 먼저 임시정부 수립 직후 그 내부에서 신한청년당 당원들이 맡은 직책에서 확인할 수 있다. 김구·김규식·김인전金仁全·김철·도인권都寅權·백남규白南圭·서병호·선우혁·송병조·신국권申國權·여운형·여운홍·이광수·이규서李圭瑞·이원익李元益·이유필·조동호·조소앙·한진교 등이 내무부·외무부·군무부 등 각 부처와 의정원에서 자리를 잡고 활동했다. 또 1919년 4월 10일 제1회 임시의정원 회의를 개최할 때 총 29명의 참석자 가운데 무려 9명이 신한청년당 당원이었던 점에서도 확인된다.

임시정부에 대한 생각과 활동

여운형은 1919년 8월 5일부터 1920년 1월 22일까지 임시정부 외무부 차장을 맡았으며, 임시의정원 의원으로도 활동했다. 원래 1월 22일에 열린 임시정부 국무회의에서 여운형은 한형권韓馨權·안공근安恭根과 함께 러시아에 파견될 특사로 선정되었으나, 결국 한형권만 가게 되었다. 여운형은 상하이 한인거류민단의 단장으로서 임시정부를 중심으로 교포사회 내에서 다양한 교육·사회활동을 펼쳐나갔다. 또 1919년 7월 1일 임시정부를 지원하기 위해 내무부령內務部令으로 상하이에 다시 설립된 대한적십자회大韓赤十字會에서 이사로 활동했다.

사실 원래 신한청년당을 설립할 당시 여운형은 정부를 조직하기에는 다소 시기상조라고 보았고, 그래서 먼저 정당을 창당한 것이었다. 임시정부 수립 과정에서도 개인적으로는 당 조직을 제대로 갖춘 후 정부를 조직해야 한다는 의견을 피력했지만, 3·1운동으로 독립의 열기가 무르익은 당시 상황에서는 소수의견으로 묻힐 수밖에 없었다. 그뿐만 아니라 실제로 임시정부 수립 과정에서 개최된 임시의정원 회의에서는, 정부 수립의 장소·관제·헌법·인사 등을 둘러싸고 여러 차례 갑론을박이 거듭되었다. 몇 가지 사례를 들어보기로 하겠다.

이승만이 임시정부의 수반을 맡는 문제를 둘러싸고 신채호申采浩가 미국 위임통치 청원을 근거로 극렬히 반대했을 때 여운형은 결국 신채호의 비판을 받아들여야 한다는 입장에 섰다. 훗날 해방공간에서 여운형이 이승만과 정치적으로 대립하게 되는 원형이 이때부터 만들어졌다고 볼 수 있다. 또 공화주의냐 복벽주의냐의 문제를 둘러싸고 진보와 보수로 나뉘어 대립하면서 구 대한제국 황실의 처우 문제가 불거졌을 때, 여운형은 시종일관 공화주의의 입장을 강하게 주장했다. 안창호나 여운형 등 청장년층은 '구황실 우대론'을 강하게 반대했지만, 결국 「대한민국임시헌장」 제8조에는 "대한민국은 대한제국 구황실을 우대함"이라는 조항이 들어가고 말았다. 멸망한 나라의 국호國號인 '대한大韓'을 넣느냐 마느냐는 문제에서도 이를 반대했던 여운형의 입장과 달리 전자로 결정되었다.

위에서 제시한 예들을 보면, 대한민국임시정부 수립 과정에서 논의된 구체적인 부분들은 원래 여운형의 생각과는 상당히 다르게 결론 내려졌음을 알 수 있다. 그래서 그는 처음부터 아직은 시기상조라고 생각했던 것 같다. 그럼에도 여운형은 '임시정부 수립' 자체와 어렵게 수립된 '임시정부의 유지 존속'에 대해서는 상당히 적극적인 입장을 지니고 있었던 것으로 보인다. 아래에서 살펴보겠지만, 1923년 1월 임시정부의 내부 문제들을 해결하기 위해 상하이에서 열린 '국민대표회의'에서 이른바 임시정부 '개조론'과 '창조론'이 대립할 때 여운형을 비롯한 신한청년당 당원들은 주로 개조론의 입장에 섰던 데서도 알 수 있다. 임시정부의 해체에는 반대하고 개조를 통해 강화·발전시킬 것을 주장했던 것이다.

이 시기는 여운형이 외교독립론에 한계를 느끼고 새로운 타개책으로서 군사적 기초를 다지기 위해 김구 등과 함께 한국노병회韓國勞兵會를 조직한 직후였다. 1922년 10월 28일 상하이 샤페이로霞飛路 바오캉리寶康里에 있는 조상섭趙尙燮의 집에서 조직된 한국노병회는 "10년 동안 1만 명의 노병勞兵 양성과 100만 원 이상의 전비戰費 확보"를 목표로 조직된 무장독립운동 준비 단체였다. 이사장 김구 밑에서 한국노병회 이사로 활동했던 여운형은, 당시 상황에서는 임시정부의 독립운동 방략을 전환하고 새로운 활로를 찾아갈 필요가 있다고 보았던 것이다. 이렇게 그는 국민대표회의를 추진하면서 동시에 무장독립 준비를 위한 한국노병회 활동을 병행하고 있었다.

독립운동전선 결집을 위해 국민대표회의 소집 요구

다음 장에서 자세히 살펴보겠지만, 1922년 1월 모스크바에서 개최된 극동민족대회에서 소비에트 정부의 조선 독립 승인과 지원이라는 큰 성과를 얻어낸 여운형 일행은 그해 3~4월경 이르쿠츠크를 거쳐 상하이로 돌아왔다. 이와 반대로 워싱턴회의에 참석했던 미국의 이승만·서재필徐載弼·정한경鄭翰景 등은 본회의에 의제를 상정하기는커녕 진정서조차 제출하지 못했다. 주최국인 미국에게 철저히 무시를 당했다. 임시정부 내에서 이승만의 권위는 급격히 실추되었고, 의기소침해진 임시정부 각료들은 새로 국무총리에 취임한 노백린盧伯麟에게 전원 사표를 제출하기에 이르렀다.

이에 앞서 임시정부 내에서는 이승만이 미국 대통령에게 조선을 위임통치해달라는 청원서를 보낸 일이 알려지면서, 이를 둘러싸고 이른바 이승만 옹호파, 임시정부 개조파와 창조파 등으로 나뉘어 암투를 벌여 왔다. 이러한 상황은 워싱턴회의를 계기로 잠시 사그라진 듯했으나 워싱턴회의에서 좌절한 후 재현되어 더욱 불거졌다. 1921년 2월부터 박은식·김창숙金昌淑·원세훈 등이 「우리 동포에게 고함」을 발표하면서부터 시작된, 임시정부를 중심으로 독립운동전선을 재결집하려는 노력의 일환인 국민대표회의 개최 주장은 워싱턴회의와 극동민족대회 때문에 조금 늦춰졌을 뿐이었다.

일찍이 여운형도 안창호와 의기투합하여 임시정부 개조파 입장에서 국민대표회의 소집을 주장했다. 쇠약해진 임시정부를 되살리기 위해 국민대표회의를 열어 민의를 통일해야 한다는 생각이었다. 1921년 5월 12일 신한청년당 주최로 프랑스조계에서 연설회를 개최하고 안창호와 함께 연사로 나섰다. 여운형은 '우리 독립운동의 과거, 현재 그리고 미래'라는 제목으로 연설했다. 이승만의 위임통치 요청 문제, 이르쿠츠크파와 상해파의 비타협적인 태도 문제 등을 모두 비판하면서 이제 반성하고 공동전선을 구축하자고 호소했다. 그해 5월 14일자 『독립신문』 기사를 통해 여운형의 강연 내용 중 일부를 살펴보면 다음과 같다.

지금 문제 중에 있는 대통령은 일체의 분규를 자진하여 받아들이고 간절한 글로써 해외 동지에게 사죄하고, 일당에 회합하여 흉금을 열고 간담을 토로하여 과거의 일체를 잊고 장래의 대사를 상의할 수 있으며, 시국을 수습하는 데에 족할 뿐 아니라 대大 방침까지 완정完定하는 것도 가능하다.

여운형과 안창호 두 사람은 임시정부를 부정하는 게 아니라 한층 충실하게 개조해야 한다는 입장으로 뭉쳤다. 그리고 임시정부가 직면한 난관을 타개하기 위해 이후에도 몇 차례 연설회를 개최하면서 함께 국민대표회의 소집을 주장했다. 원래 1921년 11월에 열릴 예정이던 국민대표회의는 워싱턴과 모스크바에서의 국제대회 때문에 연기된 것이었다. 모스크바에서 극동민족대회를 성공리에 마치고 상하이로 돌아온 후 여운형은 국민대표회의를 개최하는 일에 힘을 쏟았다. 코민테른의 지원과 중국의 국민혁명이라는 분위기 속에서 국내외 독립운동전선의 단결과 재정비를 목적으로 국민대표회의 개최를 추진하고자 했던 것이다. 안창호를 중심으로 1921년 6월 6일 국민대표회의 상해기성회 제1회 총회를 개최했으며, 7월 16일부터 9월 15일에는 같은 목적으로 베이징에서 열린 회의에 김규식 등과 함께 참석하는 등 적극적으로 활동했다. 베이징의 군사통일회의軍事統一會議와 협의한 결과, 그해 8월 상하이·베이징·톈진 등에서 50여 명의 위원을 선출하고 국민대표회의 주비위원회籌備委員會를 조직하기에 이르렀다.

1922년 4월 임시의정원에서는 천세헌千世憲 등 102명이 제출한 국민대표회의 개최 「청원안」에 대한 심의를 했는데, 7일 동안의 격론 끝에 10대 3으로 통과되었다. 그해 5월 국민대표회의 주비위원회에서는 「소집 선언서」를 발표하고 임시의정원 후원을 요청하는 「인민청원안」을 제출함에 따라 각지에서 국민대표회의 촉성회가 조직되는 등 활발한 준비 작업이 이루어졌다. 그럼에도 임시의정원 내 의견 차이는 더 심해져 갔고, 게다가 한형권이 소비에트 정부에게서 받아온 독립운동 원조금 20만 루블의 사용 문제까지 겹치면서 독립운동전선 내부는 더욱 심각한 정쟁과 파쟁에 휩싸였다. 이러한 상황을 타개하고 국민대표회의 소집을 촉진하기 위해 상하이의 각 독립운동단체 지도자들은 시사책진회時事策進會라는 협의체를 구성했는데, 여운형도 여기에 참여했다. 하지만 별다른 성과를 거두지는 못했다.

국민대표회의 개최와 결렬

몇 차례의 연기를 거듭하면서 우여곡절을 거친 끝에 1923년 1월 3일 상하이 프랑스조계에 있는 미국인 침례교회에서 마침내 국민대표회의 개회식이 열렸다. 국내와 상하이를 비롯해 만주·베이징·노령·미주 등지에서 120여 명이 참석했다. 교통편도 불편하고 여비를 조달하기도 어렵고 일제 당국의 감시와 위협이 도사리고 있던 상황에서 이렇게 대규모의 대회가 어떻게 가능했을까? 이는 곧 당시 국내외에서 독립운동 진영의 통일을 도모하고자 하는 열망이 얼마나 컸는지를 반영한다고 할 수 있다. 하지만 이렇게 의욕적으로 열린 대회임에도 오랜 고투 끝에 결국 결렬되고 말았다. 그 과정에 대해 여운형은 훗날 신문 과정에서 다음과 같이 진술했다.

> 러시아·만주 방면의 대표자 대다수는 임시정부 조직이 근본적 오류에 빠져 있으니 이는 즉 조직 당시 상하이에 있으면서 일분자만의 책동으로 널리 각 방면의 의견을 듣지 않고 멋대로 임시정부를 조직했던 것이므로 이를 해산하여 창조적인 견지로 임시정부를 새로 조직해야 된다고 주장했는데, 윤해가 그 중심인물이었다. 다른 대표는 임시정부는 현존하는 것이므로 지금 이를 해산할 필요 없이 그 조직을 개조하면 족하다고 주장했는데, 안창호 및 나는 개조파의 대표로서 서로 의견을 주고받았다. 그러나 이 대회는 6월 초순까지 실로 5개월의 기간을 두고 양 파의 의견이 일치하지 않아, 창조파의 대다수는 마침내 블라디보스토크 방면으로 철수하

여 대회는 목적을 이루지 못하고 폐회하기에 이르렀다.

당시 '이르쿠츠크파' 계통의 독립운동가들이 대부분 창조파 입장을 견지했던 데 반해, 여운형은 시종일관 개조파의 입장을 견지하면서 임시정부를 옹호하고 발전시키기 위해 노력했다. 여운형이 주도적으로 이끌고 있던 신한청년당이나 한국노병회 역시 안창호의 흥사단 계열과 함께 대체로 이러한 입장을 견지했다. 회의가 계속 악전고투를 거듭하면서 결렬될 위기에 처하자 4월 들어 여운형은, 임시정부 문제는 잠시 미뤄두고 국민대표회의를 계기로 내외의 독립운동세력을 통합하여 일대 독립당을 조직하자고 제안하기도 했다. 완전히 새로운 제안은 아니어서, 원래 1919년 임시정부가 수립될 당시에도 그는 아직은 시기상조이니 정부보다는 정당을 건설하자는 의견을 펼친 바 있었다. 최선책이 안 된다면 최후의 분열을 막는 차선책이라도 강구하려 했던 것이다. 그의 이러한 의견에 안창호 등도 찬성의 뜻을 보냈다.

하지만 1923년 1월 3일부터 6월 6일까지 무려 5개월 이상 계속된 국민대표회의는 결국 독립운동전선의 단결과 결집을 이루지 못하고 큰 성과 없이 끝나고 말았다. 국민대표회의가 결렬될 무렵인 그해 6월 2일 베이징에서 의장 윤해尹海, 부의장을 신숙申肅을 중심으로 비밀회의가 소집되어 새로운 정부로서 '조선공화국'이 수립되었는데, 이때 김규식·조동호·한형권·지청천池靑天·최동오崔東旿 등 30인의 국무위원 가운데 포함되었다. 하지만 '조선공화국'은 거의 활동을 하지 못한 채 사실상 곧바로 해체되었다.

한편 국민대표회의가 결렬된 뒤에도 상하이에서는 여운형 등을 중심으로 독립운동 진영을 통일하려는 노력이 계속되었다. 1924년 초 여운형은 안창호와 함께 「대동통일 취지서」를 발표하여 "모 단체와 모 당파를 가릴 것 없이 중의衆議에 부합하여 … 국가와 민족의 철저한 독립사업과 사회실력을 반석과 같이 도성圖成할 것"을 촉구했다. 같은 해 7월 임시의정원에서는 상하이 청년동맹회의 주도로 독립당대표회의 소집을 요구하기도 했다. 이러한 독립운동 진영의 대동 통일 요구는 중국 국민혁명의 진전 등 정세변화로 더욱 증폭되었다(이현주 2009, 163쪽). 1920년대 중반 이후 여운형의 행보 역시 국공합작을 중심으로 한 중국혁명에서 조선 독립의 방향을 찾고자 하는 길로 향해졌다.

조선 독립을 위해
국제연대를 꾀하다

일제 당국의 회유 공작과 도쿄행

미즈노 렌타로: 그대는 조선을 독립시킬 자신이 있는가?

여운형: 그대는 조선을 통치할 자신이 있는가?

위의 대화는 3·1운동 직후인 1919년 11월 여운형이 일본 도쿄를 방문했을 때 조선총독부 정무총감 미즈노 렌타로水野鍊太郎와 나눴던 내용의 일부이다. 여운형은 미즈노와 악수하면서 "경성역에서 강우규姜宇奎 폭탄에 얼마나 무서웠느냐?"라는 도발적인 질문을 던졌다. 이에 당황한 미즈노의 발언과 또 다시 맞받아친 여운형의 발언이다(이만규 1946, 57쪽). 이것만으로도 여운형이 상대를 역습하는 대담한 언변의 소유자였음을 짐작하게 한다.

예상하지 못한 거족적인 3·1운동으로 충격을 받은 일제 당국은 그 핵심인물로 여운형을 지목하고 그를 회유하기 위해 도쿄로 초청했다. 3·1운동 이후 일제는 통치의 방향을 이른바 '문화정치'로 전환하고 독립운동을 '자치운동'으로 유도하는 척 제스처를 취했다고 알려져 있는데, 여운형에 대한 회유 공작은 바로 그 시작이라고 할 수 있다. 당시 임시정부 내에서는 여운형이 일제 당국의 요구에 응해야 하는지 아닌지를 둘러싸고 찬반 논란이 벌어졌다. 결국 여운형은 당대 세계정세와 일본의 상황을 보다 정확히 파악하고 일제의 음모를 역이용하겠다는 자신감을 갖고, 개인 자격으로 도쿄에 가기로 결심했다. 그의 도쿄행에 찬성했던 안창호·이광수 등은 300원의 여비까지 마련해주었다. 당시 여운형의 도쿄행에 동행한 인물은 장덕수·최근우崔謹愚·신상완申尚玩 등 3명이었다. 3·1운동 준비를 위해 일본으로 파견되었던 장덕수는 이후 국내로 들어왔다가 일제 경찰에 붙잡혀서 전남 하의도荷衣島에 유배되어 있었다. 여운형은 그런 장덕수를 자신의 통역으로 지목하여 구출해냄으로써 동행했다.

1919년 11월 16일 아침 여운형 일행은 나카사키長崎에 도착하여 모지門司에서 하룻밤 묵은 후 시모노세키下關에서 특급열차를 타고 도쿄로 향했다. 11월 18일 밤 도쿄에 도착한 여운형은 일제 당국의 국빈 대접을 받았다. 11월 23일에는 도쿄의 조선인 유학생회에서 환영회를 열었다. 이후 여운형은 일본 정부와 언론·학계의 인사들을 상대로 거침없는 행보를 이어갔다. 하라 다카시原敬 수상을 비롯해 다나카 기이치田中義一 육군대장, 고가 렌조古賀廉造 척식장관, 노다 우타로野田卯太郎 체신장관 등 고

1919년 11월 도쿄 방문단 일행(기념사업회 소장) 왼쪽부터 최근우·여운형·신상완·장덕수이다.

위관료들과도 여러 차례 회담을 가졌다. 겨우 서른넷의 나이에 갖은 회유와 협박에도 굴하지 않고 자신보다 20~30세나 위인 일본 고위 관료들을 상대로 당당하면서도 일목요연하게 조선의 독립을 주장했다. 그리고 이 과정에서 오히려 상대측을 주눅들게 했던 여러 일화를 남겼고, 그로써 여운형이라는 이름은 일본 사회 안에서도 유명해졌다.

참고로 『독립신문』 1920년 1월 11일자 기사를 통해 고가 렌조와 회담했을 때 여운형 발언의 요지를 보면 다음과 같다. 다소 길지만 당시 독립운동에 대한 여운형의 생각이 잘 정리되어 있으므로 소개하고자 한다(강덕상 2007, 366~369쪽).

나는 그 의견(강제병합이 쌍방의 이익을 위한 것이라는 고가 장관의 의견-필자 주)에 대해 절대 찬성할 수 없다. 여기서 먼저 우리의 독립운동이 무엇을 주장하는지 말해두고 싶다. 첫째, 우리 민족의 복리, 즉 조선의 부강을 위해서이다. 우리 민족은 건국 이래 반만년 동안 아직 한 번도 이민족의 내정간섭을 받은 적이 없다. 항상 자주적으로 다스렸고 자주적으로 발전하여 동양문명에 적지 않은 공헌을 한 자주성이 풍부한 민족이며, 타민족의 간섭은 물론 원조도 원하지 않는다. 그뿐만이 아니라 이민족이 이민족을 통치하는 관계는 필연적으로 정치적·경제적 충동을 되풀이하고 서로 용인할 수 없게 되어버린다는 것은 역사적으로나 사회적으로 또 경제적으로도 확실히 증명된 일이다. 과거 10년 동안 자유로운 발전을 저지당한 우리의 손실은 결코 적지 않다. 지금 우리는 과거의 역사를 계승하기 위해 우리의 발전이 세계문명에 공헌하기 위해 자손만대에 영속하는 행복을 위해 독립을 주장한다.

둘째, 일본의 신의를 위해서이다. … 역사를 보면 일본은 조선에게 문화적으로 빚지고 있다. 일본의 문학·미술·공예 기타 여러 가지 문명은 전부 조선에서 배운 것 아닌가. 그러나 일본은 이에 대해 감사하지 않고 항상 전화戰火로 답했다. 또한 일본은 청일전쟁·러일전쟁 두 전쟁을 조선 독립을 위해서라고 칭하며, 또 조선의 독립을 보장한다고 세계에 성명했음에도 불구하고 그 결과는 사기와 폭력으로 조선을 합방하였다. … 이상을 고려해보면 일본이 조선의 독립을 승인하는 것은 일본의 신의를 위해서만이 아니라 장래 일본의 국익을 위해 매우 유리한 행동이다.

셋째, 동양평화를 위해서이다. 동양이라 함은 먼저 일본·중국·조선 세 나라를 말하는 것이리라. 만일 한일합방이 계속된다면 양 민족이 서로 다투게 될 것은 말할 것도 없으며, 중국의 배일운동도 종식되지 않음이 명백하다. … 중국과 일본은 시모노세키조약을 맺어 조선의 독립을 승인했다. 그러나 일본은 중국을 속인 것이 아닌가. 한일합방이 동양평화를 파괴하는 근원이 되는 이유이다. 따라서 조선의 독립은 동양평화를 보장하는 것이기도 하다.

넷째, 세계평화를 위해서, 아울러 세계문명에 공헌하기 위해서이다. 세계라 함은 동·서양을 합친 것을 칭하고 있다. … 만약 동양에서 전란이 그치지 않으면 결국은 점차 자멸할 뿐만 아니라 서양세력의 동침東侵이 날이 갈수록 급해질 것이다. 동양 자체의 평화를 위해서, 세계체제의 균형을 지키기 위해서, 동양이 단결하고 세계문화에 공헌하기 위해서는 오직 속히 조선을 독립시킨 다음에야 가능할 것이다.

한일합방이 회사의 합방과 같다는 의견(앞서 고가 장관이 주장한 의견 - 필자 주)에는 절대 반대이다. 돌이켜보면 한일합방은 결코 우리 민족의 의지가 아니었다. 소수의 당국자, 즉 매국노 패거리가 한 행위에 지나지 않는다. 또한 당시의 주권자(황제)의 진정한 의지에 의한 것도 아니었다. 일본은 원래 합방을 "양 국민의 의지에 의한 것"이라고 강변하는데, 조선국민의 이에 대한 회한은 골수에 사무치고 있다. 즉 합방은 강제에 의해 이루어진 정치적 불공정 그 자체이다. 환언하면 합방이 아니고 병합이다. 일본인은 일·한 합방은 조선인의 행복을 위해, 동양평화를 위해서라고 말하지만, 실은 조선인의 재난이요 치욕이며, 동양의 화근과 불신은 이 때문에 일어났다고 해도 과언이 아니다.

여운형은 고가 척식장관보다 발언 시간을 3배 이상 쓰면서 자신의 정치적 견해를 정확히 표명했다. 위의 내용을 보면 조선 독립 주장의 정당성에 대해, 먼저 한민족의 복리, 다음은 일본의 신의, 그다음은 동양평화와 세계평화를 위한 것으로 나누어 순차적으로 논리정연하게 공박했다. 또한 그가 조선의 독립이라는 문제를 단지 민족의 안위를 보장한다는 틀 속에서만 바라본 게 아니라, 인간의 존엄과 자유, 한 걸음 더 나아가 일본을 포함한 동양의 평화와 세계문명의 발전을 위해서도 반드시 이루어져야 한다는, 매우 근원적이면서도 넓은 시야로 바라보고 있었음을 알 수 있다. 이는 그가 일찍부터 기독교를 접하고 세계 각국의 인사들과 폭넓게 교류해온 결과일 것이다. 사실 여운형은 이렇게 조선 독립을 주장하는 발언들을 거침없이 쏟아내면서도 시종일관 자신은 생존권을 주장하는 기독교인이라서 정치에는 큰 관심이 없다는 식으로, 전도사라는 신분을 방패막이로 활용하면서 일제 당국의 술수를 피해가기도 했다.

원래부터 3·1운동의 발발과 임시정부 수립의 주역으로 여운형을 지목하고 그를 회유하려는 목적에서 도쿄행을 요청했던 일제 당국은, 모든 언론을 동원하여 그가 자치운동을 위해 일본에 온 것처럼 대대적으로 선전했다. 또 일본 조합교회 등을 동원하여 그를 회유하기도 하고, 만주의 척식사업 인수 등을 내걸고 매수공작을 펼치기도 했다. 하지만 여운형은 도쿄에 머물던 11월 18일부터 12월 1일까지 초지일관 조선 독립 의지를 천명함으로써 결국 일제 당국의 의도도 꺾어버렸다.

일본의 심장에서 울려퍼진 조선 독립의 정당성

여운형은 일제 당국의 거짓 선전과 회유정책에 대항하여 자신의 도쿄 방문에 대한 왜곡된 보도와 선전을 취소하라고 요구하는 한편, 자신이 직접 도쿄에 온 이유를 설명할 자유를 달라고 거듭 요구했다. 결국 이러한 주장은 받아들여졌고, 여운형은 일본 국민을 상대로 직접 연설할 수 있는 기회를 얻었다.

1919년 11월 27일 오후 3시, 도쿄 히비야공원日比谷公園 근처에 있는 제국호텔에서 여운형의 연설회가 개최되었다. 이날 연설회에는 500여 명의 청중과 내외신 기자, 저명인사들이 참석했다고 한다. 여운형이 우리말로 연설하면 장덕수가 일본어로 통역하는 방식을 취했으며, 마지막 외신 기자들과의 문답은 여운형이 직접 영어로 했다. 타고난 웅변가라는 평판답게 연설 도중에도 박수갈채가 그치지 않았다고 한다.

이날 여운형의 연설 내용은 조금씩 차이가 있긴 하나 여러 자료들에 소개되어 있다. 연설 바로 다음 날 일본 신문에 보도된 내용이 가장 객관적으로 연설 내용에 부합할 것이라 생각된다. 따라서 1919년 11월 28일자 『마이니치신문每日新聞』에 요약된 여운형의 연설 내용을 살펴보기로 한다. 박은식의 『한국독립운동지혈사』나 이만규의 『여운형투쟁사』에도 같은 내용이 수록되어 있다.

> 내가 이번에 온 목적은 일본 당국자와 그 외의 식자識者들을 만나 한국독립운동의 진의를 말하고 일본 당국의 의견을 구하려는 것이다. 다행히 지금 각원閣員들과 식자 제군들과 간격 없이 의견을 교환하게 된 것은 유쾌하고 감사한 일이다.
> 나는 독립운동이 내 평생의 일이다. 구주전란歐洲戰亂이 일어났을 때 나와 우리 한국이 독립국가로 대전에 참가치 못하고 동양 한 모퉁이에 쭈그리고 앉아 우두커니 방관만 하고 있는 것이 심히 유감스러웠다. 그러나 우

1919년 여운형이 연설했던 도쿄 제국호텔의 현 모습

리 한민족의 장래가 신세계 역사의 한 페이지를 차지할 시기가 반드시 오리라고 자신한다. 그러므로 나는 표연飄然히 고국을 떠나 상하이에서 나그네로 있었다.

작년 1918년 11월에 대전이 끝나고 상하이의 각 사원에는 평화의 종소리가 울렸다. 우리는 신의 사명이 머리 위에 내린 듯하였다. 그리하여 활동을 시작하였다. 먼저 동지 김규식을 파리에 보내고 3월 1일에는 내지內地에서 독립운동이 발발하여 독립만세를 절규하였다. 곧 대한민족이 전부 각성하였다. 주린 자는 먹을 것을 찾고, 목마른 자는 마실 것을 찾는 것은 자기의 생존을 위하여 당연한 요구이다. 이것을 막을 자가 있겠는가! 일본인에게 생존권이 있다면 우리 한민족만이 홀로 생존권이 없을 것인가!

일본인이 생존권이 있는 것을 한인이 긍정하는 바이오, 한인이 민족적 자각으로 자유와 평등을 요구하는 것은 신이 허락한 바이다.

일본 정부는 이것을 방해할 무슨 권리가 있는가! 이제 세계는 약소민족 해방, 부인 해방, 노동자 해방 등 세계 개조를 부르짖고 있다. 이것은 일본을 포함한 세계적 운동이다. 한국의 독립운동은 세계의 대세요, 신의 뜻이오, 한민족의 각성이다. 어느 집 새벽닭이 울면 이웃집 닭이 따라 우는 것은, 닭 하나하나가 다 울 때를 기다렸다가 때가 되어서 우는 것이요, 남이 운다고 우는 것이 아니다. 때가 와서 생존권이 양심으로 발작된 것이 한국의 독립운동이요, 결코 민족자결주의에 도취한 것이 아니다. 신은 오직 평화·행복을 우리에게 주려 한다. 과거의 약탈·살육을 중지하고 세계를 개조하는 것이 신의 뜻이다. 세계를 개척하고 개조로 달려나가 평화적 천지를 만드는 것이 우리의 사명이다. 우리의 선조는 칼과 총으로 서로 죽였으나 이후로 우리는 서로 붙들고 돕지 않으면 안 된다. 신은 세계의 장벽을 허락하지 않는다.

이제 일본이 자유를 부르짖는 한인에게 순전히 자기 이익만을 가지고 한국합병의 필요를 말했다. 첫째, "일본은 자기방위를 위하여 한국을 합병하지 않을 수 없다"고 한다. 그러나 러시아가 이제 무너진 이상 그 이유가 성립되지 않는다. 한국이 독립한 후에라야 동양이 참으로 단결할 수가 있다. 실상은 일본의 이익이 될 것이다.

둘째, "한국은 독립을 유지할 실력이 없다"고 한다. 우리는 물론 병력이 없다. 그러나 한민족은 이제 깨어났다. 열화 같은 애국심이 이제 폭발하였다. 붉은 피와 생명으로 조국의 독립에 이바지하려는 것을 무시할 수 있는가! 일본이 한국의 독립을 승인하면 한국은 다시 적이 없다. 서쪽 이웃인 중화민국은 확실히 한국과 친선할 것이다. 일본이 솔선하여 한국의 독립을 승인하는 날이면 한국은 마땅히 일본과 친선할 것이다. 우리의 건설국가는 인민이 주인이 되어 인민이 다스리는 국가일 것이다. 이 민주공화국은 대한민족의 절대 요구요, 세계 대세의 요구다.

평화란 것은 형식적 단결로는 성공하지 못한다. 이제 일본이 아무리 첩첩이구喋喋利口로 일중친선日中親善을 말하지만 무슨 유익이 있는가. 오직 정신적 단결이 필요한 것이다. 이것이 이제 동양에서 요구하는 것이다. 우리 동양인이 이런 경우에 서로 반목하는 것이 복된 일인가? 한국독립 문제가 해결되면 중국 문제도 용이하게 해결될 것이다. 일찍이 한국독립을 위하여 청일전쟁과 러일전쟁을 한 일본이 그때 성명을 무시하고 스스로 약속을 어겼으니, 한韓·화華 두 민족이 일본에게 원한을 갖는 원인이 되지 않을 수 있는가! 한국독립은 일본과 분리된 듯하나 원한을 버리고 동일한 보조를 취하여 함께 나가는 것이니, 진정한 합일合一이요 동양평화를 확보하는 것이며 세계평화를 유지하는 제일의 기초이다. 우리는 꼭 전쟁을 해야 평화를 얻을 수 있는가? 싸우지 아니하고는 인류가 누릴 자유와 평화를 얻지 못할 것인가? 일본 인사들은 깊이 생각하라.

이와 같이 일본의 언론에서는 다음 날인 11월 28일자로 일제히 여운형의 연설 내용을 보도했다. 일제 당국의 방해 공작으로 언론사마다 약간의 차이는 있었지만, 『도쿄아사히신문東京朝日新聞』·『도쿄니치니치신문東京日日新聞』·『오사카마이니치신문大阪朝日新聞』·『재팬 어드바이저Japan

Adviser』 등은 여운형의 연설에 대해 보도하고 그 발언 내용을 언급했다. 일본에서 영국인이 발행하던 『재팬 어드바이저』에서는 연설 뒤 일반 청중들과의 질의응답과 연회에서 한 발언까지 보도했다.

임시정부 기관지인 『독립신문』 1919년 12월 25일자에서도, 이 연설에서 여운형은 "우리가 건설하는 나라는 인민을 주인으로 하고 인민이 다스리는 국가이다. 이 민주공화국은 조선민족의 절대적 요구일 뿐만 아니라 세계 대세가 요구하는 것이다"라고 주장하여 조선 독립의 당위성과 더불어 민주적 국가 건설의 방향성을 제시했다고 보도했다. 이러한 내용은 오늘날 우리 헌법 제1조 1항 "대한민국은 민주공화국이다"와 2항 "대한민국의 주권은 국민에게 있고, 모든 권력은 국민으로부터 나온다"는 내용과 그대로 일치한다. 3·1운동 과정에서 전면화된 공화주의 정치 이념은 대한민국임시정부의 수립으로 현실화했고, 이것이 오늘날 우리 헌법정신의 밑바탕이 되었음은 이미 널리 알려진 사실이다. 1919년 여운형의 도쿄 연설을 통해서도 똑같은 내용을 확인할 수 있다.

여운형의 일본 방문과 도쿄에서의 연설은 일본 유학생 사회를 비롯한 국내외 각지에 큰 반향을 불러일으켰다. 여운형은 조선인 유학생회에서 열어준 환영회에 대한 답례로 11월 28일 간다의 청년회관에 유학생들을 초대하여 집회를 열었으나, 중지당하기도 했다.

특히 도쿄 제국호텔에서 한 연설 내용이 언론에까지 보도되자 일본 정계는 발칵 뒤집혔다. 도쿄 시내 한복판에서 500여 명의 청중을 놓고 당당히 조선 독립의 당위성을 밝힘으로써 여운형은 하룻밤 사이에 국제적인 인물로 급부상했다. 한편 이날의 연설은 조선인·일본인을 막론하

고 많은 이들에게 큰 감명을 주었다고 한다. 특히 도쿄제국대학 교수로서 일본 사회 안에서 다이쇼데모크라시大正デモクラシー를 이끌던 요시노 사쿠조吉野作造 등 일본의 지식인이 크게 감동을 받아, 이후 별도로 몇 차례 회담을 하기도 했다.

요시노 사쿠조가 이끌던 일본 지식인의 학술단체인 신진카이新人會에서는 여운형을 위해 교수·학생 등 100여 명이 참석한 환영회를 개최했다. 이 자리에는 도쿄제국대학 교수로서 저명한 사상가인 모리토 다쓰오森戶辰男, 무정부주의적인 사회운동가로 유명한 오스기 사카에大杉榮, 사회주의운동 이론가인 야마카와 히토시山川均와 사카이 도시히코堺利彦 등 일본의 저명인사들이 대거 참석했다. 또 일본에 있던 조선인 김준연金俊淵 등도 참석했으며, 중국인도 있었다. 이 자리에서도 여운형은 "조선의 독립운동은 일시적 감정의 폭발이 아니라 조선인의 영구적인 자유와 발전을 위해서이며 장래 세계평화를 위한 것"이라는 내용으로 연설했고 참석자들에게서 많은 질문을 받았다. 이날의 여운형 환영회는 일본인 오스기 사카에의 선창으로 "조선 독립 만세"를 외쳤다는 일화를 낳아 훗날까지 종종 회자되었다.

일본 정계에 미친 파장

일제 당국의 입장에서는 여운형을 도쿄까지 불러들인 목적을 하나도 이루지 못했다. 도리어 '제국 일본'의 심장부인 도쿄 한복판에서 일본인과 함께 '조선 독립 만세'를 외치는 진풍경이 벌어져, 조선 독립의 선전무대만 만들어준 꼴이 되고 말았다. 당시 여운형을 만난 일본의 인사들은 대부분 그의 범접하기 어려운 정의감과 시대를 꿰뚫어보는 통찰력, 사람을 품는 포용력에 감복할 수밖에 없었다고 한다. 그들의 의도와 달리 일본 고위관료들에게 조선 통치의 부당함을 인식시키고, 일본 국민에게 조선 독립운동의 열망을 각인하는 효과를 거두고 끝이 난 것이다.

당초 계획되었던 여운형과 '천황'의 회담 등은 모두 중지되었으며, 일본 정계는 큰 혼란에 빠졌다. 원래 여운형은 11월 29일 도쿄를 떠나 국내로 와서 조선총독부를 방문할 예정이었으나, 11월 27일의 연설회로 이후 일정에 모두 차질이 생겨 12월 1일까지 도쿄에 머물게 되었다. 1920년 1월에 열린 '제국의회'에서는 '여운형 문제'를 둘러싸고 심각한 논란이 벌어졌고, 결국 궁지에 몰린 하라 내각이 총사퇴하는 지경으로까지 이어졌다. 때문에 하라 내각은 '여운형 내각'이라는 별명까지 얻었다. 도쿄행을 반대하던 임시정부 인사들까지도 "독립운동사에서 유례없는 성과"라고 평가했고, 끝까지 반대하던 국무총리 이동휘는 「국무총리 포고 제2호」를 발표하여 여운형의 항일 활동을 공식적으로 인정했다. 이로써 독립운동 진영에서 여운형의 위상은 한층 더 높아졌다.

여운형 일행은 1919년 12월 1일 도쿄를 출발하여 나라奈良를 여행할 기회를 얻었다. 일본 조합교회 목사인 와타세 쓰네요시渡瀬常吉의 초청에 따른 관광 명목이었지만, 실은 여운형에 대한 공작에 기독교를 이용했던 일제 당국과 와타세가 좀 더 그에게 공작할 시간을 벌기 위해 한 조치였다. 와타세는 일본 조합교회의 발상지인 나라가 우리말로는 국가와 같은 뜻으로서 조선의 문화가 전승된 곳이라는 점을 회유 공작에 이용할 계산이었다. 하지만 불가능한 일이었고, 결국 여운형 일행은 나라에서 "정치적 발언과 불온한 행동을 전혀 하지 않겠다"는 내용의 서약서를 쓰지 않으면 조선을 통과할 수 없다는 '입국금지 통지'를 받았다. 장덕수는 12월 6일 저녁 시모노세키에서 배를 타고 7일 아침에 부산항에 도착해 엄중한 감시 아래 서울로 향하는 길을 택했다. 원래는 조선에 들를 계획이었던 여운형은 어쩔 수 없이 곧바로 상하이로 돌아오는 길을 택해야만 했다.

사회주의를 통한 독립운동 모색

제1차 세계대전 이후 세계적인 개조改造의 분위기 속에서 독립을 위해서라면 국경이나 사상·이념 정도는 얼마든지 뛰어넘을 수 있었던 여운형이 인간해방을 지향하는 사회주의에 관심을 가진 것은 어찌 보면 지극히 자연스러운 과정으로 비친다. 파리강화회의와 국제연맹에 대한 실망은 그 주요한 계기로 작용했다. 여운형뿐만 아니라 당시 조선 독립을 고민하고 실천했던 대부분의 민족지도자들이 민족독립운동의 일환으로서 사회주의사상을 받아들였다. 1921년 11월 전승국들의 전후 처리를 위해 개최된 워싱턴회의에 실망한 후에는 이러한 현상이 더욱 확대되었다. 독립을 위한 외교적 노력도 게을리할 수 없었던 임시정부를 비롯한 독립운동 진영에서는 자연스럽게 새로 탄생한 최초의 사회주의국가인 소비에트공화국과 제3인터내셔널, 즉 코민테른에 관심과 기대를 가지게 되었다.

여운형이 코민테른과 러시아에 관심을 가진 것도 이 무렵부터였다. 기독교인이었던 그가 사상·이념으로서의 사회주의를 받아들인다는 것 자체가 쉬운 일은 아니었다. 하지만 기독교를 종교사상으로서만이 아니라 독립운동을 위한 방패막이로 활용했듯이, 여운형의 입장에서는 사회주의나 공산주의 역시 독립운동에 도움이 된다면 얼마든지 받아들일 수 있었다. 그는 임시정부의 외무차장으로서 중국뿐만 아니라 세계 각국의 인물들과 폭넓은 관계망을 구축하고 있었고, 이 가운데는 사회주의운동가들도 있었다. 1919년 말 도쿄행을 통해 이미 일본의 사회주의사상가나 운동가들과는 충분히 교류를 터놓은 상태였다.

한편 여운형은 경영난에 빠진 임시정부 기관지 『독립신문』의 편집과 경영에도 관여했다. 1920년 1월 14일 『독립신문』 편집장이던 이광수가 안창호를 방문하여 그 타개책을 요청한 적이 있었는데, 여운형은 일시적인 방책인 보조금을 통한 해결보다는 근본적으로 지면의 개선과 경영 합리화를 통해 위기를 타개하는 방안을 내놓았다. 그해 2월 『독립신문』은 지면 확장과 발행부수 증가, 배포기관 정비를 위해 자본금 10만 원의 주식회사로 개편하려는 움직임도 있었는데, 당시 여운형은 안창호·이광수·이동휘 등과 함께 발기인 명단에 오르기도 했다. 그런데 이즈음 『독립신문』에는 러시아혁명과 사회주의에 대한 기사가 자주 실리면서 자연스럽게 민족독립과 사회주의를 결부시키는 분위기가 형성되어 있었다.

이렇게 자연스럽게 민족 문제와 계급 문제에 대한 관심을 심화시켜가던 상황에서 여운형은 1920년 4월 초쯤 코민테른의 동방부 부부장이었던 그리고리 보이틴스키Grigori Naumovich Voitinsky를 만날 기회가 있었다. 그는 1919년 11월 열린 '동방 제 민족 제1회 대회'의 결의에 따라 중국공산당 창설을 돕고 상하이에 코민테른 동아서기국 개설 여부를 조사하는 등을 목적으로 파견되었다. 보이틴스키는 베이징에서 리다자오李大釗, 상하이에서 천두슈陳獨秀를 만난 후 블라디보스토크 출신의 김만겸金萬謙에게 유력한 조선 독립운동가를 소개해달라고 했다. 이에 이동휘와 가까웠던 김만겸은 자신의 집에서 여운형과 보이틴스키의 만남을 주선했다. 여운형의 도쿄행 때문에 다소 불편해졌던 이동휘와의 관계도 그 성과를 인정한 후 어느 정도 회복된 상황이었다. 보이틴스키가 영어에 능통했기 때문에 둘의 소통에는 큰 문제가 없었던 것 같다. 그는 여운형에게 코민테른은 조선의 독립운동을 지원할 의지가 있으니 함께하기를 요청했다.

여운형은 보이틴스키의 제안을 받아들여 1920년 봄 상하이에서 이동휘 등의 주도로 결성된 '공산주의자 그룹(상해파)'에 참여했다. 이 그룹은 1918년 5월 하바롭스크Khabarovsk에서 결성된 한인사회당韓人社會黨에 연원을 두고 있었다. 처음부터 민족 독립을 우선시하는 정강을 내걸었기 때문에 여운형을 비롯해 조완구·신채호·안병찬安秉瓚·이춘숙李春塾·조동호·최창식崔昌植·양헌梁憲·선우혁·윤기섭尹琦燮·김두봉金枓奉 등 임시정부 관계자들도 다수 공산주의자 그룹에 참여했다.

그런데 여운형 등이 공산주의 그룹에 참여했을 무렵부터 국외 조선인 사회주의운동 내에서 이른바 '이르쿠츠크파'와 '상해파' 사이의 경쟁이 심해지던 상황이었다. 그래서 1921년 5월 이동휘 중심의 '공산주의자 그룹'이 고려공산당(상해파)으로 개편될 때 여운형은 여기에 참여하지 않고 한인사회당 세력과 결별했다. 그리고 그해 7월 조동호·김만겸 등과 함께 또 다른 고려공산당(이르쿠츠크파) 상하이지부上海支部를 조직하여 활동했다. 훗날 일제 경찰에 체포되었을 때 신문 과정에서 여운형은 공산주의운동에 발을 들여놓게 된 이유에 대해 다음과 같이 진술했다(강덕상 2017, 209쪽).

> 나는 계급이라든가 당파를 위해 독립운동을 한 것은 아니다. 전적으로 조선 민족의 행복을 위해 한 것이므로 공산운동에 참가한 것도 조선 독립의 편의상 출발한 것이다. 내가 공산운동에 참가한 것은 1920년 여름부터이다.

여운형은 상하이에 있던 천두슈·리런제李仁傑 등과도 교류하면서 마르크스주의를 공부하고 관련 서적을 번역하는 일에도 힘썼다. 또 당시 이춘숙·이광수·최창식·김만겸 등의 사회주의 연구회인 신한문회新韓文會(신한문화동맹)에서도 활동했다. 훗날 신문 과정에서 여운형의 진술 내용을 보면, 당시 그는 영어로 된 칼 마르크스Karl Marx의 『자본론』, 『공산주의 ABC』, 『레닌주의』, 카우츠키의 『계급투쟁』, 맥도날드의 『노동과 사회주의』 등을 읽었다. 또 중국 혁명가들이 쓴 중국어 책도 읽었으며, 이 밖에 허버트 웰스Herbert George Wells의 『세계역사The Outline of History』, 『윌슨 연설집』 등을 애독서로 꼽았다.

이러한 학습을 바탕으로 여운형은 고려공산당(이르쿠츠크파)에서 번역위원회 위원으로 활동하면서 우리나라 최초로 마르크스의 「공산당 선언」을 번역했으며, 이어서 니콜라이 부하린Nikolai Ivanovich Bukharin의 『유물변증법 ABC』·『우리 무산계급의 진로』 등도 번역했다. 이때 여운형 등이 한글로 번역한 책이나 팸플릿·리플릿 등은 일제강점기 내내 국내외 여러 조직에서 학습 교재로 활용되었을 것이다.

보이틴스키를 만나고 '공산주의자 그룹'에 가입할 즈음인 1920년 4~5월경 여운형은 박용만朴容萬 등의 군사통일회의를 지원하던 김규흥金奎興과 함께 러시아의 알렉세이 포타포프Aleksei Potapov, 중국 광둥廣東의 진보적인 군벌인 천중밍陳炯明을 만났다. 푸젠성福建省 장저우漳州에서 열린 이 회합은 일본의 침략에 맞서 한·중·소 3국이 군대를 양성하고 무장투쟁을 전개하기 위해 공동협력 방안을 마련하려는 목적이었다. 이처럼 여운형이 이 시기 전개한 외교적 노력은 이승만 등의 '외교독립론'과는 차원이 다른 것으로서 기본적으로 무장독립론, 즉 독립전쟁론을 전망하는 것이었음을 알 수 있다.

한편 1920년 7~8월에 열린 코민테른 제2회 대회에서 블라디미르 레닌Vladimir Il'ich Lenin이 제안한 「민족 및 식민지 문제에 관한 테제」와 인도의 독립운동가인 마나벤드라 로이Manabendra Nath Roy가 제안한 「보완테제」가 채택된 것도 조선의 독립운동가들에게 큰 영향을 주었다. 모스크바에서 열린 이 대회에서는 연해주의 한인사회당을 대표하여 박진순朴鎭淳이 직접 연설하기도 했다. 세계의 민족을 억압민족과 피억압민족으로 구분하고 후진국의 혁명적 민족운동, 즉 식민지의 반제국주의운동을 지지하는 내용을 담고 있는 이 테제에 조선의 독립운동가들은 자연스럽게 고무되었다. 여운형 역시 여기에 큰 관심을 가졌다.

미국 의원단에 독립 지원 요청

이렇게 한창 사회주의 학습과 번역에 몰두하면서 독립운동을 모색하던 중에도 여운형은 교회 전도사나 교민단장 자격으로 여러 일들을 수행했다. 당시 상하이 한인교회에는 목사가 부재하여 사실상 전도사였던 여운형이 목사의 역할을 하고 있었다. 1920년 8월 미국 의원단 일행이 조선을 시찰하기에 앞서 상하이를 방문했을 때 그는 교민단장 자격으로 환영회를 개최했다. 3·1운동이 전 세계에 알려지면서 일제의 조선 통치 문제가 세계 여론의 주목을 받게 되자, 미국 의원단이 조선 시찰에 나선 것이었다.

임시정부와 상하이 교민 사회 안에서 '미국통'으로 통했던 여운형은 이런 자리에서도 조선 독립을 위한 외교적 노력을 아끼지 않았다. 훗날 일제 경찰의 신문 과정에서 밝힌 내용을 보면, 당시 여운형이 이들과 어떤 대화를 나누었는지 엿볼 수 있다.

문: 그들에게 무슨 말을 했는가?

답: … 일한합병에는 미국도 책임이 있다. 러일전쟁 후까지 미국은 조선에 공사公使를 두었음에도 불구하고 일한합병이 무리한 것을 보고도 아무런 발언도 없이 공사를 철수시키고 말았다. 이런 것은 조선의 진상에 충분한 이해가 없었기 때문이니, 금후는 충분한 시찰과 이해 아래 우리 독립운동에 적극적 원조가 있기를 바란다는 그런 말을 했다고 생각되오.

이 내용을 보면, 특히 일제 강제병합의 책임이 미국에도 있음을 강조하면서 금후로는 조선의 독립을 지원해달라고 요구하고 있다. 1905년 11월 을사늑약乙巳勒約이 체결되자 대한제국에서 제일 먼저 공사관을 철수한 나라가 미국이었다는 사실을 강조한 대목이 매우 돋보인다.

여운형은 미국 의원단 일행이 상하이에서 베이징으로 갈 때 동행하면서 조선의 독립운동을 적극 지원해줄 것을 재차 요청했으며, 특히 의원단이 조선 시찰을 할 때 조선의 사정을 정확히 파악하려면 이상재를 만나 의견을 들었으면 좋겠다고 조언하기도 했다. 여운형이 평소 이상재를 매우 신뢰하고 존경했음을 알 수 있는 대목이다. 1922년 4월 이상재가 베이징에서 열린 세계학생그리스도교연맹WSCF 제1회 세계대회에 조선의 기독교청년회 대표로 참석했을 때에는, 상하이의 목사이자 임시의정원 의장을 지낸 손정도孫貞道와 함께 한걸음에 베이징으로 달려가 이상재에게 상하이로 와서 임시정부의 내분을 수습해달라고 청하기도 했다.

모스크바 극동민족대회 참가

1920년대 초반 조선 독립운동가들의 관심은 미국에서 개최된 워싱턴회의와 이 회의에 반대하여 모스크바에서 개최된 극동민족대회(명칭은 극동인민대표대회, 원동민족혁명단체대표회 등 다양하게 표기된다)에 집중되어 있었다. 워싱턴회의에서 배신감을 느낀 독립운동가들은 특히 제1차 극동민족대회에 기대를 걸었다. 원래 이 대회는 워싱턴회의가 시작되는 것과 같은 시기인 1921년 11월 11일 이르쿠츠크에서 "약소민족은 단결하자"는 구호 아래 열리기로 되어 있었다. 주최 측에서는 사회주의나 민족주의를 막론하고 각지의 조선인 독립운동그룹들에도 참가하기를 요청했다. 상하이에서는 고려공산당원 김만겸·안병찬安炳瓚이 대회 참가자를 심사했다. 10월 21일 여운형도 고려공산당 중앙위원회 의장 김만겸과 서기 안병찬 명의로 발급된 초대장 겸 위임장을 받았고, 이후 그 준비위원으로 활동했던 것으로 보인다.

여운형은 1921년 11월 2일 김규식·김철·권애라權愛羅 등과 함께 상하이에서 출발했다. 여운형 일행은 당시 흔히 이르쿠츠크까지 신속하게 가는 방법인 만주에서 철도를 이용하는 길 대신, 열흘 동안 자동차로 살벌한 추위의 고비사막을 횡단하여 몽골을 거쳐 가는 길을 택했다. 처음에는 만주를 경유하려고도 했으나 여러 차례 미행이 붙은 것을 확인하고는 일부러 돌아간 것이다. 그뿐만 아니라 이 시기 몽골의 인민혁명은 국내외 언론에서도 관심의 대상이었기 때문에, 이에 대해 좀 더 자세히 알고 싶었던 여운형의 관심이 작용했던 것으로 보인다.

여운형 일행은 후레Huree, 즉 오늘날의 울란바토르Ulaanbaatar에서 1주일 정도 머무르면서 몽골의 혁명가 엘베그도르 린치노Elbegdorj Rinchino나 솔린 단잔Soliin Danzan 등을 만나 깊은 대화를 나눴다. 린치노의 부인은 바로 연해주의 고려인 사회주의운동가인 남만춘南萬春의 여동생 남마류사였다. 중국어에 능통했던 단잔과의 대화는 특히 여운형의 관심을 끌었다. 조선과 몽골에서 전개되고 있는 사회운동과 개혁에 대해 논의하면서, 단잔은 여운형에게 몽골의 신정부가 원시 유목생활을 하던 몽골을 과학 질서의 사회주의 단계로 끌어올리려는 노력이 얼마나 힘들고 어려운 것인지를 토로했다. 사회주의혁명 과정에서 민족적 노선을 취하고 있던 단잔과의 대화가 평소 여운형의 생각과 잘 맞아떨어졌던 것 같다.

여운형을 포함한 일행은 1921년 11월 중순경 이르쿠츠크에 도착했다. 조선과 중국 등에서 여러 갈래의 험난한 경로를 거쳐 이르쿠츠크까지 도착한 조선인은 약 120명으로서 전체 참가국 가운데 단연 1위였다. 당시 이 대회에 걸고 있던 조선 독립운동가들의 관심과 기대가 얼마나 컸는지를 잘 보여준다. 하지만 여운형 일행은 이르쿠츠크에 도착한 후에야 원래 그곳에서 열릴 예정이던 극동민족대회는 워싱턴회의가 종료되는 시점인 1922년 1월 21일부터 2월 2일까지 모스크바에서 개최하기로 변경되었다는 사실을 알게 되었다. 실제로 이르쿠츠크에서는 그곳에 도착한 각국 대표단들과 함께 예비회담만 가졌다. 장소가 변경된 배경에는 이르쿠츠크가 교통이 불편하다는 등의 실질적인 이유도 있었지만, 이른바 자유시참변, 즉 흑하사변黑河事變 이후 조선 사회주의운동 내에서 이르쿠츠크파와 상해파의 분열이 극에 달했기 때문이라는 설도 있다. 대회의 명칭도 처음에는 '극동피압박민족대회'였다가 피압박국이 아닌 일본 대표단도 참가한다는 이유로 '극동민족대회'로 변경되었다고 한다.

여운형 일행은 다시 이르쿠츠크를 출발하여 1922년 1월 7일 모스크바에 도착했다. 역 앞에는 수많은 군중이 모여 대대적인 환영 집회를 열어주었다. 이 자리에서 여운형은 대표로 감사를 겸한 인사말을 영어로 했다. 영하 30도의 추위였는데도 연설을 마친 후 "전신에 상쾌한 땀이 촉촉이 젖은 것을 느꼈다"고 당시를 회고한 바 있다(『중앙』 1936년 6월).

여운형 등의 숙소는 제정러시아 시기 그리스정교 신학교의 기숙사였고 당시에는 소비에트제3관이었던 그리크 처치Greec Church였다.

　본 대회가 개막되기 하루 전날인 1월 21일 크렘린궁에서는 레닌과 각국 대표단의 중심인물이 모여 사전 회동이 진행되었다. 이 자리에 참석한 각국 대표는 조선 56명, 중국 42명, 일본 16명, 몽골 14명, 자바 1명, 부랴트Buryat 12명, 칼무크Kalmuck 2명, 인도 2명, 야쿠트Yakut 3명, 필리핀 1명, 기타 1명 등으로 150명에 달했으며, 3,000~4,000명의 러시아인이 방청객으로 참석했다. 원래 인도·일본·야쿠트·부랴트·중국 대표단은 이 대회에서 의결권은 없었고 심의권만 가지고 있었다. 조선 측 대표에는 여운형을 비롯해 김규식·김시현金始顯·최고려崔高麗·현순玄楯·김단야金丹冶·김원경金元慶·한명서韓明瑞·홍범도洪範圖 등이 포함되었다. 이들은 '코리안 델리게이트'라고 쓰인 마크를 패용했다.

　이날 여운형은 일본의 가타야마 센片山潛, 몽골의 단잔 등과 함께 처음으로 레닌을 만났다. 훗날 여운형의 「신문조서」에 따르면, 이 자리에서 레닌은 그에게 조선의 여러 사정을 물어본 뒤 "조선은 이전에는 문화가 발달했으나 지금은 민도民度가 낮기 때문에 바로 공산주의를 실행하는 것은 잘못이다. 지금은 민족주의를 실행하는 것이 좋다"고 하여, 원래 자신이 주장해오던 것과 일치함을 알게 되었다고 한다. 또 레닌은 가타야마에게는 조선 독립을 위해 투쟁할 수 있는지를, 여운형에게는 일본혁명을 위해 투쟁할 수 있는지를 물었는데, 둘 다 "할 수 있다"고 답했다고 한다.

　모스크바에 머무는 동안 여운형은 레닌을 두 번 만났다. 두 번째는 쑨원의 대리인 자격인 장추바이張秋白 등 중국 대표들과 함께한 자리였다. 쑨원의 혁명 이야기로 화제가 옮겨가자 여운형은 레닌에게 중국을 도와야 한다고 강조했다. 이에 레닌은 당연하다면서 미하일 보로딘Mikhail Markovich Borodin을 파견한 것도 그 때문이라고 답했다. 사실 중국 내에서 보로딘은 쑨원의 고문 역할을 했고 '광저우의 레닌'이라고까지 불렸는데, 나중에 중국혁명이 조선 독립에 큰 영향을 미친다고 본 여운형도 보로딘과 함께 일하게 된다. 이렇게 모스크바에 머무는 동안 여운형은 레닌을 비롯한 레온 트로츠키Leon Trotsky, 그리고리 지노비예프Grigorii Evseevich Zinov'ev, 안드레이 사하로프Andrei Dimitrievich Sakharov, 미하일 칼리닌Mikhail Ivanovich Kalinin, 알렉산드라 콜론타이Alexandra Mikhailovna Kollantai 등의 당 간부들과 레프 카라한Lev Mikhailovich Karakhan, 게오르기 치체린Georgii Vasil'evich Chicherin 등의 외교관들을 만나 의견을 교환하는 과정에서 소비에트러시아와 코민테른이 조선 민족의 해방에 큰 관심을 갖고 있음을 알게 되었다.

다음 날인 1월 22일 여운형은 김규식과 함께 대회의 운영의장단 16명 가운데 한 사람으로 선출되었다. '박경'이라는 가명으로 대회에 참석한 김규식은 조선 대표로 '제국주의 타도'를 외치는 연설을 했다. 극동민족대회 참석 사진을 보면 왼쪽에 서서 발언하고 있는 여운형을 볼 수 있으며, 그 뒤에는 워싱턴회의를 비판하는 현수막이 걸려 있다. 2주 동안 계속된 회의를 통해 농업국인 조선에서 농민이 참여하는 민족운동을 일으키고 대한민국임시정부를 지지한다는 등이 투쟁 방법으로 결정되었다.

1922년 1월 극동민족대회에 참석하여 발언하고 있는 여운형(기념사업회 소장)

    한편 이 대회가 여운형에게 가져다준 또 다른 성과는 바로 러시아와 중국을 비롯한 세계의 수많은 혁명가들과 교류할 수 있는 기회를 제공한 것이라 할 수 있다. 이를 발판으로 이후 여운형은 쑨원뿐만 아니라 장제스蔣介石·마오쩌둥毛澤東 등 중국혁명의 거물급 지도자들뿐만 아니라 베트남의 호치민胡志明 등 세계 각국의 혁명가들과 폭넓게 교류했다. 이처럼 여운형은 자신의 신념과 독립의 필요를 위해서라면 중국·미국·러시아·일본 등 세계 어느 지역 인사들과도 만남을 가졌다.

한·중 연대 강화로
독립운동의 돌파구를 마련하다

쑨원과의 만남, 한중호조사 조직

중국 망명을 결심한 청년들 대부분은 중국의 신해혁명에서 조선 독립의 희망과 가능성을 찾았고, 그 중심에 있던 쑨원은 이들이 가장 동경하는 대상이었다. 앞서 언급했다시피 여운형이 중국 망명을 결심한 배경에도 쑨원을 만나겠다는 결심이 작용했다. 그가 쑨원을 처음 만난 것은 1917년 6~7월경으로 추정된다. 이를 주선해준 사람은 상하이에서 영국인이 발행하던 영자신문 『노스차이나 데일리뉴스North-China Daily News, 字林西報』의 기자 천한밍陣漢明이었다. 처음에는 어느 날 갑자기 취재기자와 동행한 여운형을 쑨원이 그다지 반갑게 대하지 않았던 것 같다. 그래서인지 여운형에게 쑨원의 첫 인상은 썩 좋지 않았다.

하지만 첫 만남에서부터 두 사람이 나눈 내용은 양쪽 모두에게 중요하게 남았다. 여운형과의 대화는 평소 일본의 '21개조 요구'는 중국에 큰 위해가 된다고 보면서 중국이 '제2의 고려高麗'가 될까봐 우려했던 쑨원에게 반일민족주의를 더욱 더 선명히 굳히는 계기가 되었다. 또 여운형 역시 상하이를 무대로 본격적으로 독립운동을 전개하는 데 쑨원이라는 존재는 커다란 자산이 되었다. 이때부터 여운형은 쑨원과 수차례 만나 세계정세를 논의하고 신한청년당 창당이나 파리강화회의 대표 파견 등에 대해서도 논의하면서 친분을 쌓아갔다.

여운형은 평소 조선 독립과 중국 문제는 떼어놓을 수 없다는 지론을 갖고 있었다. 1919년 11월 도쿄에서 고가 척식장관과 회담할 때에도, 도쿄제국호텔에서 연설할 때에도 이러한 주장은 반복되었다. 비슷한 시기에 쑨원도 동일한 인식을 갖고 있었다. 이에 여운형은 3·1운동의 영향을 받아 일어난 5·4운동으로 반일감정이 높아진 중국 민중의 여론을 환기해 상호연대의 기회를 만들기 위해 노력했다. 1920년 일본군의 조선인 학살사건인 '간도참변'이 일어난 후에는 한인 동포의 피해 실태를 조사하여 이를 중국 정부에 주지시키고 장쭤린張作霖 군벌을 고립시키는 활동도 추진했다.

이러한 일련의 과정은 1921년 3월 신해혁명의 지도자들과 함께 한중호조사韓中互助社(일명 중한호조사)를 결성하는 데로까지 이어졌다. 이름 그대로 한중호조사는 한국과 중국 양국의 항일운동과 우호 증진을 도모하기 위한 조직으로서, 이후 중국의 항일독립운동에서 한·중 연대가 이루어질 수 있는 시금석이 되었다. 기록에 따르면, 앞서 여운형의 상하이 시절 초기에 도로월간사를 통해 친분을 쌓았던 중국인 우산이 중한호조사 의장이었다는 설도 있고, 쑨원이 사장을 맡고 여운형이 부사장을 맡았다는 설도 있으나 이는 확실하지 않다.

한중호조사는 1921년 3월 후난성湖南省 창사長沙에서 이우민李愚珉·황영희黃永熙 등이 중국 정치가들과 함께 처음 조직했다고 알려져 있다. 상하이에서는 그해 4월 조동호·신익희申翼熙·이유필과 중국인 우산·저우첸추周劒秋·셴중준沈仲俊 등이 주도하여 조직했는데, 조선인 104명, 중국인 52명이 참가했을 정도로 규모가 컸다고 한다. 이처럼 한중호조사의 활동은 상하이에서 가장 활발히 이루어졌다. 그래서 그해 8월 본부를 상하이에 두고 이후 중국의 여타 주요 도시에 지사가 설립되었다. 1922년에는 청두成都에서 이기창李基彰이 유력한 중국 정치인들과 함께 지부를 조직했으며, 한커우漢口 등지에서도 같은 목표 아래 지부가 조직되었다.

상하이 한중호조사에서는 한·중 양국인 10여 명씩으로 평의원을 선출했는데, 한국 측 평의원에는 여운형을 비롯해 김홍서金弘敍·김규식·한진교·서병호·김철·이탁李鐸·김문숙金文淑·윤현진尹顯振 등이 포함되었다. 한국 측에서는 주로 임시정부 요인을 중심으로 한 독립운동가들이 참여했으며, 중국 측에서는 해당 지역의 유력한 정치인과 교육가가 다수 참여하여 서로 협력했다. 중국 국민당 관계자만 참석한 게 아니라 공산당의 마오쩌둥도 창사지부에서 활동했으며 천두슈도 참여하여 폭넓은 조직망을 가지고 있었다.

중국 국공합작의 숨은 조력자

여운형은 쑨원과의 친분, 한중호조사 활동, 그리고 극동민족대회 참가 등을 통해 중국의 혁명가들과 쌓아온 교분을 바탕으로 1920년대에 지속적으로 한·중 연대를 강화해나갔다. 이는 임시정부 안의 분란, 사회주의운동 안의 갈등과 분열 속에서 독립운동의 방향을 모색하고 독립을 쟁취하기 위한 또 다른 타개책으로 나온 것이었다. 특히 임시정부 개조를 통해 독립운동의 활로를 찾고자 한 움직임이 실패로 돌아간 1923년 이후 한·중 연대를 통한 여운형의 독립운동 모색과 추진은 한층 더 본격화했다. 이에 대해 본격적으로 살펴보기에 앞서 먼저 이 시기 임시정부의 상황을 간략히 살펴보자.

1923년 국민대표회의가 결렬된 후 대한민국임시정부는 독립운동의 구심적 지위를 상실하면서 급격히 쇠퇴해갔다. 또한 임시정부 초기부터 끊임없이 제기되면서 분란의 불씨가 되어온 이승만에 대한 불신은 임시정부의 내분을 더욱 촉진했다. 1924년 6월 임시의정원에서 이승만의 「유고안有故案」을 결의한 후 박은식의 대행체제가 이루어졌다. 1925년 3월 이승만에 대한 탄핵안이 가결되자 임시정부는 내각제로 개헌하여 정의부正義府의 이상룡李相龍이 국무령에 취임했다. 하지만 이상룡이 그만둔 후부터 임시정부는 제대로 국무령을 선출하지도 못하고 대행체제로 유지되었다. 1926년 2월 양기탁을 국무령으로 선출했다가 거절당하자 5월에는 안창호를 국무령으로 추대했으나 그 역시 사양함으로써, 결국 임시정부는 임시의정원 의장 최창식의 대행체제로 유지되었다. 여운형은 임시의정원 의원으로서 부의장직을 맡고 있었는데, 1926년 2월 18일 이마저 사임했다.

당초 기대와 달리 국민대표회의를 통한 돌파구 마련이 좌절된 후 여운형은 중국의 국공합작國共合作에 깊은 관심을 쏟았다. 그는 국공합작을 통해 중국혁명이 성공한다면 이는 조선의 독립운동에 절호의 기회가 될 것이라고 판단했다. 이러한 판단을 실천에 옮기기 위해 여운형은 중국의 국공합작이 성공할 수 있도록 측면에서 지원했다. 여운형은 나름대로 중국의 군벌軍閥을 분석하여, 둥베이東北 3성을 기반으로 하는 장쥐린은 일본과 밀접하고 우페이푸吳佩孚는 철저한 반공주의자라서 협상의 대상이 되기 어렵다고 보았다. 따라서 국민당이 펑위샹馮玉祥과 협력하고, 국민당과 공산당이 서로 연대하고, 소련이 중국공산당을 지원하는 구도로 생각하고 있었다. 그의 이러한 견해는 국공합작의 방향과도 일치하는 것으로서 당시 중국국민당과 중국공산당뿐만 아니라 소련 당국에서도 환영을 받았다.

1925년 1월 중·소협정이 체결될 무렵 여운형은 중국인 왕제王杰 등과 함께 국공합작과 조선 독립운동의 연대, 사회주의운동 세력의 통합, 약소민족의 운동 세력과 국제적 연대 등을 골자로 하는 협약을 맺으며 한·중 연대를 통한 독립운동을 모색했다. 그는 중국혁명의 완성을 조선혁명의 전제로 보았고, 또 국공합작과 같은 민족연합전선 방식으로 독립과 혁명의 문제를 해결하고자 했다. 이러한 판단 아래 여운형은 1917년 이래 오랫동안 친분을 쌓아온 국민당의 쑨원, 1922년 극동민족대회에서 만난 공산당의 취추바이瞿秋白 등과의 돈독한 관계를 바탕으로, 중국

국민당과 공산당 사이의 연락 업무를 담당하면서 국공합작의 보이지 않는 조정자로 활약했다. 또 소련의 극동외교를 담당했던 레프 카라한이나 보로딘, 아돌프 이오페Adol'f Abramovich Ioffe 등 소련 고문단과도 접촉하면서 국공합작을 지원하기 위해 노력했다.

이러한 활동 덕분에 여운형은 1924년 쑨원의 권유로 중국국민당에 입당하는 한편, 취추바이의 추천으로 중국공산당 당원 대우를 받기도 했다. 사실상 여운형은 중국의 국민당과 공산당 모두에서 당원 대우를 받은 유일한 조선인이었다. 이렇게 중국의 혁명가나 소련의 정치가들을 만나면서 기회가 있을 때마다 그들에게 조선 독립운동의 역할과 중요성에 대해 강조했다.

이렇게 조선 독립의 가능성을 중국 국민혁명 속에서 발견한 여운형은 훗날 신문 과정에서도 직접 "1925년부터 1928년 6월까지는 중국 국민혁명에 전력을 기울였다"고 진술했다. 이어서 여운형은 그 구체적인 계기에 대해, 1925년 5월 30일 상하이 난징로南京路에서 영국 경찰관이 중국 학생 20여 명을 살해한 일로 영국배척운동이 격해지자 중국혁명을 원조하던 카라한이 직접 자신에게 중국혁명을 도와달라고 하여, 그 해 6월부터 직접적으로 관계하게 되었다고 진술했다. 여운형과 카라한의 만남은 이 사건이 터지기 전인 그해 3월 12일 간암으로 투병하던 쑨원이 사망한 후 상하이에서 추도식이 열렸는데 이때 쑨원의 부인에게서 보로딘의 부인을 소개받은 것이 계기가 되었다. 당시 보로딘의 부인은 여운형에게 중국혁명을 도와달라는 취지의 이야기를 하면서 카라한과의 회견을 청했다고 한다. 이에 응하여 여운형은 그녀의 소개장을 가지고 베이징 주재 소련대사인 카라한을 만나러 갔다고 진술한 바 있다.

  삼민주의三民主義에 기초한 중국 국민혁명의 지도자로서 국부國父로 존경받고, 또 1968년 대한민국 최고훈장인 건국훈장 대한민국장을 받은 쑨원을 여운형이 마지막으로 만난 것은 1924년 말에서 1925년 초 무렵으로 보인다. 훗날 쑨원 서거 10주기를 맞은 1935년 3월 12일에 자신이 사장직을 맡고 있던 『조선중앙일보』에 「손중산孫中山 선생의 10주기에 부쳐 - 인상 깊은 추억의 일절一節」이라는 추도문을 기고했을 당시, 여운형은 자신이 쑨원과 마지막으로 만난 것은 1925년 1월 초였다고 기록했다. 쑨원이 베이징으로 가던 도중에 상하이에 들렀을 때 부두로 마중을 나가 함께 자동차를 타고 프랑스조계 지역으로 이동하여 한참 동안 대화를 나눴다고 했다. 하지만 당시 쑨원이 베이징으로 향하던 도중에 상하이에 들러 머물렀던 때는 1924년 11월 17~22일이었다. 그의 기억에 약간 착오가 있었던 듯한데, 아마도 여운형과 쑨원의 마지막 회견은 이때였을 것이다.

  사실 위의 '5·30사건'은 상하이에 있는 일본인 공장에서 한 중국인이 맞아 죽은 일이 단초가 되었기 때문에 배일·배영운동의 성격을 띠고 있었다. 그런데 이 사건이 일어난 1925년 5월 초부터 여운형은 상하이에 새로 설립된 소련의 타스TASS 통신사 상하이지부에서 촉탁으로 근무하고 있었다. 이때는 이미 여운형이 카라한을 만난 이후로 짐작되는데, 카라한은 그에게 국민당과 공산당 그리고 소련 3자 사이의 연락을 부탁하면서 상하이총영사관 부영사이자 타스 통신사 지부장인 베르테 부영사를 소개해주었다. 여운형의 업무는 중국 신문들에 나온 각종 기사를 영어로 번역하고 이에 대한 주석이나 논평을 붙여 베르테에게 보내는 일이었다. 그러던 중 5·30사건이 일어나자 베르테는 여운형을 비롯해 중국공산당의 취추바이 및 국민당의 사오리쯔邵力子와 함께 매주 2~3회씩 대책회의를 하면서 상하이의 노동자·학생운동의 방향을 논의했다고 한다.

광저우 중국국민당 2전대회 참가

여운형은 1925년 7월 광저우廣州에서 피압박민족연합회가 결성된 것과 때를 같이하여 상하이에서도 같은 명칭의 조직을 결성하려 했다. 한중호조사의 간부였던 우산과 함께 한·중을 넘어서 아시아의 다른 피압박민족도 참가하는 국제적 조직으로 확대하려는 의도였다. 그러나 이 시도는 인도인과 베트남인이 참가하지 않음으로써 조직의 결성에 이르지는 못했다(미즈노 나오키 1997, 240쪽). 동방피압박민족연합회는 이후 1927년 2월 난징에서 김규식을 회장으로 류자명柳子明·이광제李光濟·안재환安載煥 등이 중국인·인도인 등과 함께 설립하여, 동방피압박민족의 공동전선 구축을 목표로 활동했다.

그런데 1925~1926년 당시 광저우의 피압박민족연합회는 중국 국민당과 공산당 모두에서 적극적으로 원조를 받는 단체였다. 상하이에서 여운형과 우산의 활동 역시 국공합작으로 국민혁명을 달성하고자 했던 중국 측의 지지를 받고 있었다. 이에 여운형은 중국국민당 중앙정치위원회 주석이자 당시 광저우국민정부 및 군사위원회 주석을 겸하고 있던 왕징웨이汪精衛에게서 1926년 1월 4~19일 동안 광저우에서 열리는 중국국민당 제2차 전국대표대회, 즉 약칭 2전대회二全大會에 참여해달라는 초청을 받았다. 여운형은 이 대회에 어떤 단체를 대표해서 참석한 게 아니라 "한 사람의 손님으로 왔을 뿐"이라고 했다. 중국의 국민혁명이 한창 무르익어가던 상황에서 여운형은 조선 독립운동에 대한 국민당과 공산당의 지원을 이끌어내고 또 국공합작과 같은 연대를 조선 독립운동에서도 추진하기 위해 적극적으로 초청에 응했다.

중국국민당 2전대회에 출석한 총 인원은 해외 화교華僑를 포함하여 총 256명이었는데, 공산당원도 100명 내외가 참석했다. 이 대회는 '제국주의 반대'를 명확히 내걸고 세계 피압박민족과의 연합을 강조한 국제적인 성격의 대회였다. 대회 첫날인 1월 4일에는 「전 세계 피압박민족과 일치하여 압박계급과 투쟁할 것을 표명하는 통전通電」을 결의했다. 통전은 "우리는 각 약소민족의 해방운동과 세계 각 선진국의 피압박계급의 해방운동이 서로 연결되어 있고 밀접한 관계를 가지고 있다는 것을 인식하고 있다. 즉 국민혁명은 세계혁명의 일부분인 것이다"라고 표명했다. 또 1월 13일에 채택된 「중국국민당 제2차 전국대표대회 선언」에서는 "세계의 모든 피압박민족의 혁명운동은 연합전선을 할 필요가 있다"고 선언했다(미즈노 나오키 1997, 244~245쪽).

2전대회 기간 동안 여운형은 왕징웨이·보로딘과 함께 대회의 지도방침에 대해 협의하고, 베트남·인도 대표와 함께 3인의 아시아인 대표 중 한 사람으로서 연설에 참여했다. 이 대회의 의사록이나 이를 보도한 자료들에는 당시 여운형의 이름을 여광呂光·여광극呂光克·여광선呂光先 등으로 기록했다. 세계 피압박민족과의 연합전선을 표방하는 「선언」을 한 다음 날인 1월 14일, 여운형은 광저우 피압박민족연합회의 중심 활동가였던 호치민의 연설에 이어 두 번째로 연단에 올랐다. 대회 의사록에는 "코리아高麗의 혁명동지 여광선呂光先 선생"으로 소개되어 있다. 여운형은 2,000여 명의 청중 앞에서 1시간가량 영어로 「중국 국민혁명의 전 세계적 사명」이라는 제목의 연설을 했다. 1926년 1월 18일자 『광저우밍궈일보廣州民國日報』 기사에 따르면, 당시 영어로 했던 여운형의 연설을 통역한 사람은 리다자오와 함께 북방에서 혁명운동을 지도하던 판훙제范鴻劼였다.

이날의 연설은 여운형 자신도 다른 때보다 더 열과 성의를 다했다고 기억에 남는, 스스로도 "나로서는 새로운 기록을 이루었다"고 자평할 만한 연설로 남았다. 주로 개인적인 감상을 언급한 인도나 베트남 대표의 연설과 달리, 원래부터 명연설가로 알려진 여운형은 쑨원과의 만남과 교류에서부터 조선인이 중국의 국민혁명에 거는 기대가 얼마나 큰지를 보여줌으로써 청중의 큰 호응을 이끌어낸 것으로 보인다. 대회 의사록에 수록된 당시 여운형의 연설 내용 가운데 일부를 소개하면 다음과 같다(미즈노 나오키 1997, 254~255쪽).

조선의 혁명은 1919년에 시작된 데에 불과합니다. 그때에는 아직 겨우 지식계급 분자만이 일어서 혁명을 주장한 데에 불과했습니다만, 지금에 이르러서는 나날이 진보하여 전 민중의 혁명으로 변해가고 있습니다. 일본제국주의의 압박으로 말하자면 전 세계인이 이미 다 알고 있으므로, 나는 단지 최근의 조선혁명의 상황을 약간 설명해볼까 합니다. 대체로 조선의 민중은 노동자보다도 농민이 많습니다. 이제까지 일본은 오로지 무력을 사용해 압박해왔지만 현재는 세계제국주의의 압박 방법의 조류에 따라 경제적 압박으로 바꿔가고 있습니다. 코리아에는 종래 하나의 대규모 공사公司가 있어서 원동간식공사遠東墾植公司(동양척식주식회사일 것 – 원 역자 주)라고 불리는데, 많은 토지를 매수하고 모든 조선의 토지를 약탈하여 단지 2/10의 토지만 인민이 소유한 데에 불과합니다. 이 때문에 조선인은 경제상 빈곤을 겪게 되어 자연히 해외에서 생계를 유지할 길을 찾을 수밖에 없어서 부득이하게 중국으로 건너오고 있습니다. 이것이 인민이 적은 한 원인입니다. 그러나 이 국내의 인민과 국외의 교민은 여러 가지 압박으로 고통받고 있으므로 여타 인민에 비하면 보다 혁명성을 지니고 있습니다. 현재 그들은 매우 큰 조직을 지니고 상당한 세력을 갖추고 있는데, 그중에 청년운동이 가장 많은 수를 확보하고 있습니다. 실업에 대해 말해보면 당연히 일본의 손아귀에 완전히 장악되어 있으므로 노동자가 받는 압박도 상당히 심합니다. 하지만 전 인구를 합계해보면 노동자 수는 그리 많지 않아 수만 명에 불과하지만, 우리는 그들과도 크게 연합해서 공동으로 하나의 노勞·농農·학學의 단체를 조직하여 혁명공작에 노력하고 있습니다. 따라서 최근 조선의 혁명은 이미 전민운동全民運動의 시기에 도달하고 있습니다. 조선의 혁명당 사람들은 모두 혁명 영수의 지도 하에 있기를 바랄 뿐만 아니라, 특히 온 정성을 다해 열렬히 중산中山 선생의 지도를 환영하고 있다고 나는 말할 수 있습니다. 그들은 중국의 혁명, 특히 이번 제2차 전국대표대회에 대해서는 더 한층 열렬한 희망을 가지고 있습니다. 왜냐하면 대회는 향후 혁명의 방략과 약소민족의 독립을 원조하겠다고 결정할 것이기 때문입니다. 중국혁명의 성공은 바로 세계혁명이 절반은 성공했다는 것을 의미합니다. (박수) 나는 이번에 어떤 단체를 대표하여 온 것이 아니라 한 사람의 손님으로 왔을 뿐입니다. 하지만 감히 조선의 인민을 대표하여 한마디 해보면, '조선 인민은 이미 혁명운동에 들어갈 준비를 갖추고 중산中山 선생이라는 발동기의 영도 아래 있기를 바라고 있다'는 것입니다. 시대도 다르고 정황도 차이가 있지만 혁명의 길만은 잠시도 전진하지 않는 때가 없습니다. 그러므로 우리는 중국국민당의 성공이 중국혁명의 성공이고 세계혁명의 성공이 되리라 희망하는 것입니다. 동지 여러분, 일어섭시다! 연합해서 일어나 일치단결하여 제국주의를 타도합시다! 우리는 이 자리에서 "중국국민당 만세"라고 축하합니다.

(주석: 참석자와 함께 '한국 독립의 성공 만세'를 외치다)

위의 내용을 보면 1926년 당시 여운형이 국내의 상황, 특히 일제의 경제적 침략상과 농민·노동자·청년학생의 대중운동 격화에 대해 정확히 파악하고 있었음을 알 수 있다. 또 조선노농총동맹과 조선청년총동맹 등 전국적인 대중조직의 회원 수 등 현황에 대해서도 세부적으로 파악한 가운데, 조선 독립의 돌파구를 중국 국민혁명의 성공과 연결하고 있던 것이다.

광저우에서 2전대회를 마치고 상하이로 돌아온 여운형은 3개월 후인 1926년 4월경 다시 광저우를 방문했다. 그곳에서 황푸군관학교黃埔軍官學

校 교관 손두환孫斗煥의 주선으로 장제스를 만나 독립운동자금 지원과 조선인 청년들의 군관학교 입학 증원을 요구했다. 자금 지원 문제는 거절당했지만, 더 많은 조선 청년이 중산대학中山大學과 황푸군관학교에 입학할 수 있도록 허락받는 성과는 얻어냈다. 그런데 이때 여운형이 광저우를 다시 방문한 이유가 단지 여기에만 있지는 않았던 것 같다. 『광저우 밍궈일보』 1926년 6월 23일자에 실린 「한국독립정부의 총기관이 광저우로 이전[韓國獨立政府總機關遷移來奧]」이라는 기사는 다음과 같은 내용을 전하고 있다(미즈노 나오키 1997, 243쪽).

> 지난주 상하이에서 비밀리에 중요 회의를 소집하여, 상하이에 있는 총기관은 현재 제국주의의 엄중한 감시를 받고 있기 때문에 이 총 기관을 광둥으로 이전하고 더욱 분기하여 대규모 복국운동復國運動을 전개할 것을 결의했다. 출석자는 대표 5인을 뽑고 이달 12일 상하이에서 기선 병곤호秉坤號를 타고 광둥성으로 향하였다. 대표 여운형 등은 어제 광둥에 도착하여 총기관의 광둥 이전 수속을 적극적으로 준비하고 있다고 한다.

물론 위 기사에서 언급된 총기관은 대한민국임시정부를 가리키는 듯하다. 앞서 언급했다시피 이 시기는 여운형이 임시의정원 부의장직마저 사임한 후였기 때문에 위 기사의 신빙성에 대해서는 검토가 필요하지만, 1926년 당시 여운형이 몇 차례 상하이와 광저우를 오가며 한·중 연대 속에서 조선 독립운동의 전기를 마련하기 위해 분주했던 것만은 분명하다.

국내 사회운동과 맺은 인연

여운형은 국제적 감각이 남달랐고 늘 국제정세를 주시하면서 그 관계를 통해 독립운동을 추진하려 했다. 그러나 그렇다고 해서 그가 국내의 상황을 파악하는 데 소홀히 했다는 뜻은 아니다. 1922년 10월부터 이듬해 5월까지 동아일보사 상하이 주재 촉탁통신원으로 활동하는 등 여러 경로를 통해 일상적으로 국내와 소통하고 있었다. 1922년 11월 21일자 『동아일보』에는 상하이의 여운형이 국내의 장덕수에게 편지 형식으로 작성한 「휴전기념일 소감」(11월 11일 오후 11시 작성)이 실려 있는데, "상해통신원 여운형"으로 소개되고 있다. 이후 1923년 6~7월에는 「임성臨城 토비土匪를 방訪하야」 등을 『동아일보』에 게재했다.

한편 1925년 국내에서 조선공산당이 조직되자 여운형은 국내 사회주의자들과도 밀접한 관련을 맺고 활동했다. 그해 12월 이른바 '제1차 조선공산당 탄압사건'이 일어나 김찬金燦·김단야 등이 상하이로 망명해 오자, 1926년 1월에는 이들과 함께 '조선공산당 임시상해부'를 조직했다. 또 그해 2월에는 이른바 상해파 사회주의 세력과 연합하여 '무산운동과 민족운동의 연합'을 표방한 '주의자동맹'을 조직했다. 이 시기 여운형은 상하이와 광둥을 오가며 운동전선을 통합하기 위해 노력하고 있었는데, 광둥에서는 이른바 이르쿠츠크파와 상해파를 결합하여 비밀결사 공청사共靑社를 조직하기도 했다. 그리고 그해 5월에는 상하이에서 안공근·조상섭趙尙燮·최창식·이유필·오영선吳永善 등과 한국독립운동촉진회를 결성한 데 이어, 6월에는 다시 광둥으로 가서 조선공산당 광둥지부를 설치하는 데 힘을 기울였다. 물론 이러한 활동들은 대부분 당시 일제 관헌의 비밀정탐 보고 기록에 의존한 것이기 때문에, 그 진위 여부나 실제 여운형의 활동 범위에 대해서는 보다 엄밀한 연구가 필요하다.

이러한 활동을 바탕으로 여운형은 1926년 국내에서 6·10만세운동이 계획되고 추진될 때에도 적지 않은 영향을 미쳤다. 만세시위운동 때 사용하기 위한 격문을 당시 상하이에서 최창식이 경영하는 삼일인쇄소三一印刷所에서 인쇄하도록 주선하는 한편, 6·10만세운동에 맞춰 병인의용대丙寅義勇隊가 국내에서 의거를 추진하는 데에도 숨은 조력자 역할을 했다. 병인의용대는 1926년 1월 상하이에서 나창헌羅昌憲·이유필·박창세朴昌世 등의 주도로 투탄·암살 등을 실천에 옮기는 행동조직으로 결성되었다.

그런데 이보다 앞서 1925년 12월 3일 새벽 여운형은 자택에서 박희곤朴熙坤 등 7명의 정위단正衛團 단원에게 집단구타를 당한 일이 있었다. 정위단은 그해 6월 나창헌을 단장으로 조직된 일종의 감찰기관이라고 할 수 있는데, 이들이 나창헌의 지시를 받고 행동한 것은 아니었다. 이들은 그해 7월 중국인 우산 등이 개최한 아주민족협회亞洲民族協會의 다과회에 개인 자격으로 참가하여 일본인과 접촉했다는 이유로 여운형의 집에 들어가 그의 가족까지 구타했다.

하지만 이미 5개월이나 지난 시점이었으니, 그것은 단지 구실이었을 듯하다. 이 사건은 내면적으로 국민대표회의 이래 지속된 임시정부 옹호파와 개조파 사이의 복잡한 갈등관계를 반영하고 있었다. 게다가 당시 타스 통신사에 다니면서 소련 측과 밀접한 관계를 유지하고 있던 여운형이 소련 정부에게서 거액의 자금을 제공받고 있다는 풍문이 돌았던 것도 한 원인이 되었던 듯하다(「呂運亨被毆打事件」 1925년 12월 14일자; 윤대원 1999, 316~319쪽).

나창헌의 지시는 아니었다 해도 그가 단장으로 있던 정위단원들의 구타로 혼절까지 한 지 1달도 되지 않은 시점에서 나창헌을 중심으로 결성된 병인의용대의 활동을 도왔다는 것만으로도, 인간 여운형의 그릇의 크기나 독립운동에 대한 열망을 짐작하게 한다. 1920년대에 상하이를 거점으로 중국 각지를 누비면서 활동한 여운형은 조선의 독립을 위해서라면 적敵과 아我를 넘나들고 국경과 사상 이념을 뛰어넘는 모습을 보여주었다. 이러한 그의 활동의 폭과 깊이가 독립운동 진영 내에서 오해를 불러일으키는 요소가 되기도 했다.

1920년대 중반 불혹의 나이에 접어든 여운형은, 그동안 상하이를 거점으로 각국의 인사들과 유지해온 관계망을 활용하여 실제로 수많은 독립운동가들에게 실질적으로 도움이 되는 여러 일들을 처리하는 해결사 역할을 자처했다. 예컨대 1925년 4월 조선공산당이 결성된 직후 조동호·조봉암 등이 코민테른의 승인을 받으러 가기 위해 상하이에 들렀을 때에는 그 절차와 수속을 맡아 처리해주었다. 그뿐만 아니라 그해 11월과 이듬해 5월 이른바 1차·2차 조선공산당에서 모스크바의 동방노력자공산대학에 유학생을 파견할 때에도 그 후원자로서 역할을 아끼지 않았다. 중국국민당 2전대회에 초청받아 광저우에 있던 1926년 1월에는 의열단義烈團 단장 김원봉金元鳳이 그곳에 있는 황푸군관학교에 입학할 수 있도록 돕기도 했다.

1927년 장제스의 쿠데타로 발생한 국공분열은 중국 내 조선 독립운동에도 적지 않은 영향을 미쳤다. 국공합작을 모델로 여운형이 꾸준히 추진해온 독립운동 진영의 연합전선 구축 노력도 물거품이 되고 말았다. 하지만 중국에서의 경험과 성과는 그 즈음 국내에서 「정우회正友會 선언」과 신간회新幹會 결성으로 이어지는 민족통일전선운동에 일정한 영향을 미쳤다.

첫 피체, 국내로 압송

1927년 여운형은 타스 통신사를 그만두고 푸단대학復旦大學 명예교수가 되어 학생들에게 체육을 가르치면서 축구감독을 겸했다. 스포츠를 워낙 좋아해 국내에서 YMCA 활동을 하던 때부터 운동부장을 도맡아 했으며, 상하이에서 분주하게 여러 활동을 하면서도 야구팀 코치까지 맡았던 그에게는 아주 적합한 직업이었다.

　일찍이 국내에서도 YMCA 야구단을 이끌고 도쿄로 원정경기를 갔듯이, 여운형은 푸단대학 축구단을 인솔하여 동남아시아의 필리핀·인도네시아·싱가포르 등지로 원정경기를 갔다. 물론 이때에도 여운형의 활동이 단지 스포츠에만 국한된 것은 아니었다. 현지에서 영국의 식민통치를 공격하는 반제투쟁과 민족해방에 관한 연설을 하고 각 지역의 민족운동가들과 만나 '아시아 피압박민족대회' 개최를 준비하면서 분주하게 보냈다. 그러다가 필리핀에서 경찰에 붙잡혀 억류되거나 싱가포르의 영국 경찰에게 여권을 빼앗기고 쫓겨나곤 했다. 여운형에게 체육 활동

여운형이 코치로 있던 상하이 야구팀과 함께(기념사업회 소장) 1926년 6월 15일 상하이 야구장에서 찍은 사진이다. 앞줄 맨 오른쪽이 여운형이다.

은 독립운동과 떼려야 뗄 수 없는 상호보완적 성격이었다.

불혹을 넘긴 여운형이 처음으로 감옥생활을 하게 만들었던 장소도 바로 상하이의 야구경기장이었다. 동남아시아 순회를 마치고 상하이로 돌아온 후인 1929년 7월 8일, 여운형은 야구경기를 관람하다가 그에게 따라붙었던 일제 경찰에게 처음으로 피체되고 말았다. 공동조계구역이라 자신을 체포하지 못하리라는 생각이 오판이었다. 그를 겹겹이 에워싼 경찰과 심한 격투가 벌어졌고, 평소 운동으로 단련된 건장한 체격으로 끝까지 저항하다가 결국 영원히 한쪽 귀의 청력을 잃고 말았다. 일단 영국조계 경찰서로 끌고 가서 신분을 확인한 영국 경찰은 일본 경찰에 넘기지 않겠다던 약속을 저버리고, 그날 새벽에 곧바로 여운형의 신병을 일본영사관에 넘겨버리는 비열한 행동을 했다. 동남아시아 순방 때 영국제국주의를 공격했던 일 때문에 영국 당국이 그를 축출할 기회를 엿보고 있었던 것이다.

상하이의 일본영사관 경찰은 여운형을 일단 본국의 나가사키로 압송했다가 7월 말에 부산을 거쳐 서울 서대문형무소로 압송했다. 1914년 청운의 뜻을 품고 서울을 떠나 중국으로 망명했던 그는 불혹을 넘겨 죄수고깔로 얼굴을 가린 수인囚人의 몸이 되어 서울로 돌아왔다. 여운형이 체포되었다는 소식은 국내 신문을 통해 크게 보도되었고, 그가 호송될 때는 각 언론사 기자들이 취재 경쟁을 벌였다. 신문 과정에서 검사가 15년 만에 돌아온 고국의 산하에 대한 감상을 묻자, 여운형은 다음과 같이 답했다.

> 부산에 상륙해 해안 일대의 산들을 보았소. 20년 전에 본 민둥산이 일변하여 청산靑山이 되어 있는 것을 보니 놀라웠소. 그러나 철도연선에 있는 동포 부락의 상태를 보니 10년이 하루와 같이 어떠한 변화나 진보의 자취를 보지 못해 자못 실망했소. 총독정치가 민둥산을 청산으로 만들 수는 있어도 국민의 생활과 풍속은 어떻게 할 수 없다는 생각이 들어 일종의 희열을 느끼기도 했소.

처음 서대문형무소에 들어가 1929년 7월 29일 촬영한 사진이 부착되어 있는 수형기록표를 보면, 당시 여운형의 주소는 '중국[支那] 상하이 프랑스조계法界 라오선푸로勞神父路 790'으로 기록되어 있다. 여운형의 일제

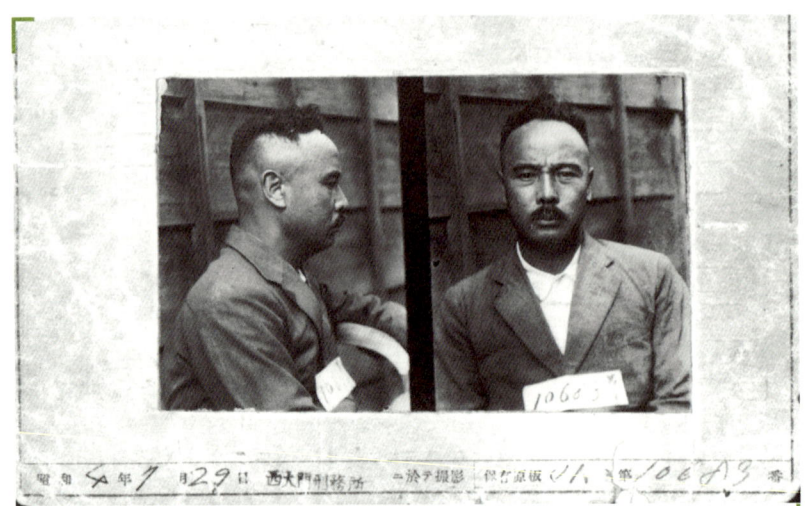

여운형의 일제 감시대상 인물카드 1 앞면(국사편찬위원회 소장)
1929년 7월 29일 서대문형무소로 입송된 직후 촬영한 사진이다.

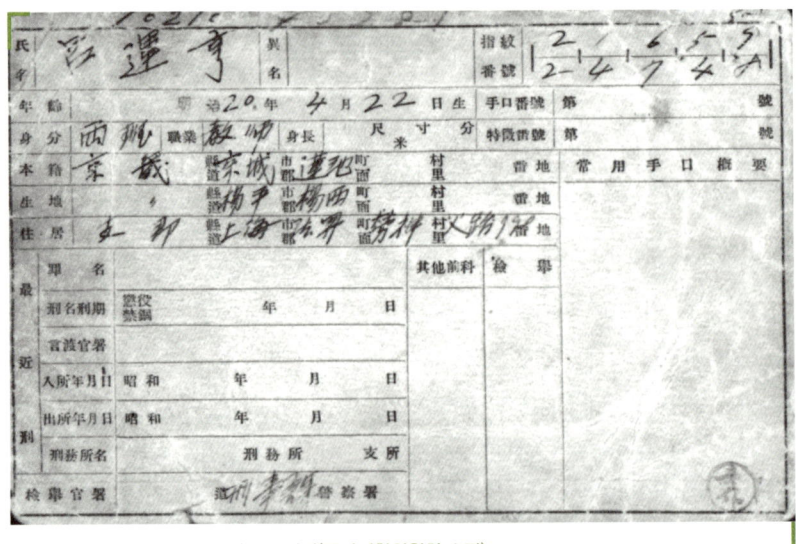

여운형의 일제 감시대상 인물카드 1 뒷면(국사편찬위원회 소장)

감시대상 인물카드 앞면에 부착된 사진을 보면, 20여 일 동안 중국 상하이에서 일본 나가사키로, 다시 국내 부산으로, 또 다시 서울로 끌려 다니면서 매우 지친 표정이 역력히 드러나 있다.

그런데 1930년 6월 13일 촬영한 또 다른 여운형 인물카드를 보면 여운형이 서대문형무소에 입소한 날짜가 1930년 6월 7일로 되어 있다. 이는 1심 및 항소심 재판을 마치고 형이 집행되던 시점이다. 하지만 위에서 보았듯이 여운형은 1929년 7월 29일에 사복을 입은 채로 곧바로 경찰서가 아닌 형무소로 압송되었다. 그리고 두 번째 사진에서 보듯이 곧바로 서대문형무소에 수감되어 1년 정도 조사를 받으면서 미결수未決囚로 구금되어 있었다.

이렇게 오랫동안 서대문형무소에 구금되어 신문을 받은 후 1930년 4월 26일 경성지방법원에서 1심 재판이 열렸다. 여기서 이른바 「1919년 제령制令 제7호」 및 치안유지법 위반으로 징역 3년을 언도받았다. 이러한 판결에 불복하여 즉시 항소를 제기했으나, 그해 6월 9일 경성복심법원에서 원심의 3년형이 확정되었다. 다만 미결구류일수 중 150일을 본형에 산입하는 것으로 판결이 났다. 당시 '여운형 재판'이 진행될 때는 전날 저녁부터 방청권을 얻기 위해 수백 명이 법원 앞에서 밤을 새우는 진풍경이 벌어졌다고 한다.

여운형은 서대문형무소와 대전형무소에서 약 3년 동안 감옥생활을 했다. 40대 중반의 나이에 처음으로 경험한 형무소 생활은 평소 건강하다고 자부하던 그에게도 여러 가지 질병을 가져다주었다. 검거 당시 상하이에서 경찰과 몸싸움을 하면서 생긴 왼쪽 귀가 잘 들리지 않는 고통

여운형의 일제 감시대상 인물카드 2 앞면(국사편찬위원회 소장)
1930년 6월 13일 서대문형무소에서 촬영한 사진이다.

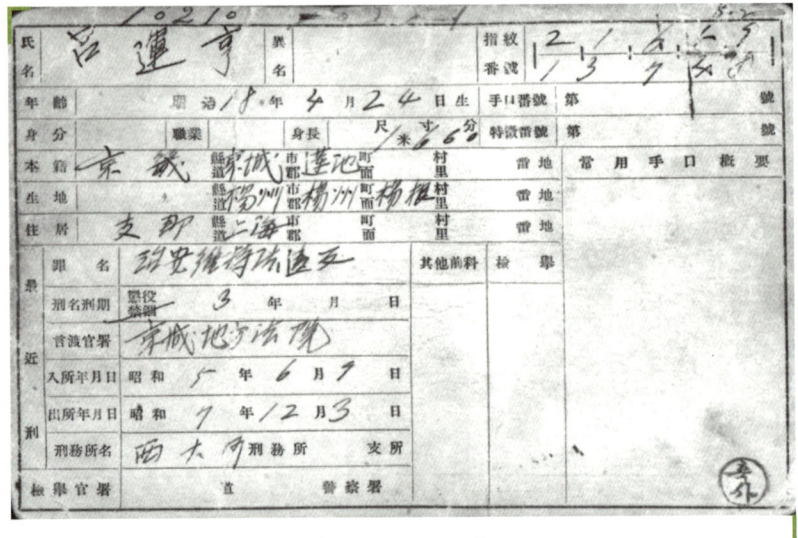

여운형의 일제 감시대상 인물카드 2 뒷면(국사편찬위원회 소장)

에다가, 이전에는 없던 치질·신경통·치통·불면증 등으로 고생을 했다. 기결수既決囚가 되어 대전형무소에서 복역할 때는 하루 종일 앉아서 그물 뜨기를 하는 노역으로 소화불량증에 시달리기도 했다. 스포츠를 좋아하고 늘 활발히 돌아다니던 그로서는 가만히 앉아 있는 일 자체가 견디기 어려웠을 것이다. 끝내 건강이 악화되어 병보석을 신청하기도 했지만, 그에게는 허락되지 않았다.

국내에서 사회활동에 참여하며
독립운동을 이끌다

출옥과 국내 거취 선택

대전형무소에서 옥고를 치르던 여운형은 만기출소를 3개월 정도 앞둔 1932년 7월 26일 가출옥으로 풀려났다. 상하이에서 일제 경찰에 검거된 지 딱 3년 만이었다. 출옥 후 그는 다시 상하이로 돌아가는 길을 선택하지 않고 국내에 머물면서 합법과 비합법 활동을 넘나드는 항일운동을 선택했다. 역사를 꿰뚫어보는 여운형의 예리한 판단력과 정치가로서의 면모를 가장 잘 보여주는 선택이라 할 수 있다.

여운형이 1945년 8·15 이후 매우 드물게 '국내파'로서 정치적 입지를 가질 수 있었던 데에는 바로 이때의 거취 선택이 중요한 역할을 했다. 해방공간에서 여운형의 정치적 활동에 대중들이 공감할 수 있었던 배경은, 일제강점 말기에 국내 활동을 통해 그에 대한 인지도와 기대,

신뢰가 상승한 데 있었다. 8·15 이후 가장 먼저 여운형의 일대기를 작성했던 이만규는 이를 다음과 같이 언급했다(이만규 1946, 302쪽).

> 몽양의 투옥은 혁명운동 면에서 커다란 과제를 만든 것이다. '몽양이 끝끝내 해외에 있어야 할 것인가, 국내에 있어야 할 것인가'는 생각할 만한 문제였다.

이만규가 언급했던 커다란 과제, 다시 말해서 출옥 후 여운형의 거취 선택은 전체 일제강점기 가운데서도 1930~1940년대의 시대적 조건과 밀접한 관련이 있었다. 1931년 9월 만주를 침략한 후 일제가 중국을 비롯해 미국·소련 등 세계열강과 파시즘전쟁을 벌일 가능성이 높아졌다. 그런데 언젠가 다가올 이 전쟁의 결과는 식민지 조선의 운명을 변화시킬 수 있는 결정적인 조건이었다. 만약 전쟁에서 일제가 패한다면 조선의 독립이 현실화될 조건이 생기는 것이었고, 독립은 곧 새로운 국가의 건설을 의미했기 때문이다. 여운형은 이렇게 가장 암울한 전쟁의 시기가 조선인에게는 가장 희망적인 시기가 될 것임을 직감하고 있었다.

다시 말해서 여운형이 국내에 머물기로 선택했던 이 시기는 가장 암울했던 시기이면서 동시에 가장 희망적인 시기이기도 했다. 따라서 이 희망을 현실화하기 위해서는 나름의 준비가 절실히 필요했다고 할 수 있다. 이 시기에 전체 항일운동진영이 공유했던 독립의 방략은, 당면한 전쟁이 장기화하여 일제가 패망하는 '결정적 시기'를 조선이 독립을 쟁취할 수 있는 호기好機로 보고, 국외에서 무장력을 키운 독립군세력이 국내로 진격해 들어오면 민중들과 함께 무장봉기를 일으켜 조선을 해방시키다는 것이었다. 이는 국내외라는 지리적 여건의 차이, 민족주의나 공산주의 등 사상적 차이를 불문하고, '전쟁과 파시즘'이라는 공통의 정세에 대응하는 논리로 공유되어간 조선 독립의 방략이었다.

출옥 직후 조선총독 우가키 가즈시게宇垣一成는 여운형을 불러들여 농촌진흥운동 등 일제의 정책에 협력할 것을 요청했으나 단호히 거절하면서, 자신은 장차 국내에서 농사를 경영하겠다고 말했다. 여운형은 중앙 언론에 총독부의 「자작농 창설은 기만책」이라는 논문을 싣는 등 일제의 식민통치정책을 강하게 공격했다. 그러자 우가키 총독은 다시 여운형을 불러서 왜 이를 반대하느냐고 물었다. 그러면서도 우가키는 한편으로는 "글을 읽어보면 그 말도 일리가 없는 것은 아니다"라고 했다 한다(이만규 1946, 314쪽). 이처럼 우가키 총독과 그 주변의 인물들, 특히 그의 사위이자 비서인 야노矢野는 여운형의 인품과 언변에 대해 상당한 호감을 갖고 있었다. 야노는 "내가 만일 여자로 태어났더라면 여운형 같은 남자와 결혼했을 것"이라고 말했을 정도로 몽양을 친구처럼 대했다고 한다(이기형 2004, 248쪽).

또한 여운형은 총독부의 정책뿐만 아니라 1930년대에 동아일보사나 조선일보사가 역점을 두어 벌이던 물산장려운동이나 브나로드운동에 대해서도 비판했다. 이러한 것들은 식민지 문제의 본질은 덮어둔 채 개량적이고 타협적인 캠페인만 전개함으로써 사실상 일제의 자력갱생, 농촌진흥책이라는 위장된 술책에 협조하는 행위라고 보았던 것이다.

여기에서 알 수 있듯이, 여운형은 감옥에 있으면서 출옥 후 자신의 거취를 고민했고 그 결과 중국으로 건너가지 않고 국내에 머물기로 결정했던 듯하다. 그 이유는 앞서 언급했다시피 일제의 만주침략 등으로 조성된 정세 전망과 관련이 있는 것으로 해석된다. 1929년 세계대공황을 경험한 조선의 지식사회에서는 1930년대 초부터 이미 세계대전의 발발을 전망하는 분위기가 있었고, 그것이 미·일 전쟁일지 소·일 전쟁일지를 예의주시하고 있었다.

이러한 상황에서 1931년 9월 18일 일제의 만주침략이 있었고 이듬해 '만주국'이 건국되었으며, 일본이 국제연맹에서 이탈하면서 오랫동안 유지해오던 영·미와 관계를 절연하는 사태로까지 이어졌다. 항일운동가들 가운데 특히 국제정세 전망에 남다른 식견이 있었던 여운형이 이를 목격했다면 당연히 일제의 침략전쟁과 세계대전으로의 확대된 전쟁의 결과, 즉 일제 패망을 예측했을 것이고, 독립 및 건국 준비 등을 생각했을 것이다. 그리고 국외 독립운동 진영의 준비 못지않게 국내에서의 준비도 절실히 필요하다는 생각이 들었을 것이다.

국내에 머물기로 결정하면서 이제 여운형은 합법 활동과 비합법 활동의 경계를 넘나들어야만 했다. 감옥에서 나오자마자 이미 독립운동을 하려는 열망을 가진 국내의 청년들이 중국으로 갈 수 있도록 비밀리에 주선해주는 역할을 하고 있음이 눈에 띈다. 또 국내에 머무는 자신은 합법적으로 조선중앙일보사를 맡아 경영하면서 본사와 지부에 항일운동가들을 많이 배치하여 활동하게 했다. 이관구李觀求·홍증식洪增植·고경흠高景欽·인정식印貞植 등도 이때 조선중앙일보사에서 근무했다. 아울러 직접 수많은 강연과 결혼식 주례, 신문·잡지 기고, 스포츠대회나 웅변대

조동호의 결혼식 사진(기념사업회 소장)
여운형은 1936년 4월 20일 절친한 후배이자 평생 동지인 조동호의 주례를 보았다.

회 개최 등을 통해 대중과의 접촉면을 넓히면서 스스로 독립운동가로서만이 아니라 대중정치가로서의 이미지도 높여갔다.

이렇게 1930년대에 국내에서 여러 사회 활동에 참여한 결과, 1940년대 들어서는 일제 측에서도 그를 "현대 조선 청년으로부터 사부師父처럼 경앙憬仰받는 인물"이라고 평가할 정도였다(石原六一 1941, 36쪽). 당시 세간에는 다음과 같은 말이 떠돌았을 정도로 그는 늘 대중 곁에 있는 인물로 비춰졌다(이기형 2004, 228쪽).

> 조선일보 광산왕(방응모 – 필자 주)은 자가용으로 납시고
> 동아일보 송진우는 인력거로 꺼떡꺼떡
> 조선중앙일보 여운형은 걸어서 뚜벅뚜벅

조선중앙일보사의 혁신과 언론을 통한 일제 공격

여운형은 1933년 2월 조선중앙일보사 사장에 취임하여 1937년 11월 '일장기日章旗 말소사건'으로 신문을 자진 폐간할 때까지 4년 이상 사장직을 맡았다. 일제의 탄압으로 국내에서 이렇다 할 정치운동을 전개하기 어려운 조건에서 신문사 사장이라는 합법적 지위는, 합법·반합법·비합법적으로 여러 항일 활동과 독립운동을 계속하기에 유리했다. 1933년 2월 16일, 출옥 후 반년여 만에 조선중앙일보사 사장으로 취임한 여운형은 다음과 같은 취임사를 했다(『조선중앙일보』 1933년 2월 17일자).

> 세계의 풍운이 정히 급박한 이때에 내 감히 이러한 중책을 지게 되니 스스로 난감한 생각을 금할 수 없다. 본시 우리의 언론기관이란 그 경영의 간난艱難함이 천인현애千仞懸崖에 달리는 것보다 오히려 더 심한 바이어늘, 하물며 오늘날 이 고비에 당해서일까보냐. 그러나 이만한 모험을 감히 하는 것은 앞날의 희망이 있는 까닭이요, 또 희망을 달하기까지에 언론기관의 임무가 중차대한 것을 인식하는 까닭이다. 여기에 우리는 보도의 정확 신속을 도모하여 오늘날 진장한 시국의 추이를 밝힐 것을 약속하는 바이지만, 그보다도 더 절실하게 느끼는 바는 공통한 환경 속에 있는 조선의 언론기관은 마땅히 우리의 생활, 우리의 요구에 부합하는 목표를 세워 동일한 보조로 협력해나갈 것이다. 우리의 언론기관의 고귀한 전통에 비추어 더욱이 오늘날 세계정국의 중대한 전환기에 임하여 우리의 목적을 재인식하여 우리의 역량을 총집중하여야 할 것을 누구나 다 공명하는 바이

겠지만, 그러나 오늘날의 현상은 다소 기대에 어그러짐이 없지 않다. 이것을 뒤집어 사회의 진화로부터 나오는 분화현상으로 볼 것인가. 그러나 가사 그렇다 하더라도 언론기관이란 언제나 대중의 감시 아래 있는 것이니 대중의 요구를 표준 삼아 거기에 충실하게 하지 않고는 도저히 존재를 허하지 않는다. 비록 고식적 존재를 용납할 만한 어떠한 환경이 있다 하자. 그러나 이것은 도리어 장구한 계획이 아닐 것이다. 고난한 환경 속에도 몇 개 안되는 조선의 언론기관은 우리의 공통한 목표를 세워 일치한 논진을 베푸는 것이 우리의 자위적 견지에서도 초미의 급임을 느낀다. 오늘날 중대한 시국에 처하여 우리의 언론기관의 세력은 물론 나아가 대중의 모든 역량도 집중함으로부터 스스로 앞날의 희망을 달성할 것을 믿는다.

내가 이 자리에 임하여 복잡한 감회를 펼 길이 없으나 항상 일반 대중의 충복으로써 단석旦夕에 대할 것이 기쁠 뿐이다. 그러나 일찍이 해외에서 많은 춘추春秋를 보내어 조선의 실정에 익숙치 못하니 이러한 중책에 임하여 어떻게 감당해 갈는지 매우 주저되는 바이다. 미성微誠이나마 진력을 다하고자 한다. 다행히 독자 제위의 편달을 힘입어 언론기관의 본연한 사명 수행케 하기를 바란다.

당시 여운형을 추대한 사람은 이관구(주필)·김동성金東成(편집국장)·홍증식(영업국장)과 신문사에 출자했던 주주 최선익崔善益·윤희중尹希重 등 5인이었다. 편집국 진영에는 이태준李泰俊(소설가)·김복진金復鎭(조각가)·윤석중尹石重(아동문학가)·고경흠(정치경제 담당)·김남천金南天(소설가)·노천명

盧天命(시인)·노수현盧壽鉉(화가)·이승만李承萬(화가)·박팔양朴八陽(시인) 등이 관여하고 있었다. 이 시기 조선중앙일보사는 수위부터 부장까지 주로 독립운동가나 운동선수를 앉혀서, 본사에만 전과자가 20명 이상이나 된다는 소문이 떠돌았다고 한다. 따라서 일제 당국의 감시와 탄압을 더 심하게 받을 수밖에 없었다.

여운형은 사장 취임 후 먼저 사세社勢를 확장하고 신문을 혁신하는 데 주력했다. 취임 직후인 1933년 3월 7일부터 신문 제호를 『중앙일보』에서 『조선중앙일보』로 바꾸고 영업과 지면의 혁신을 단행하여, 신문은 이전보다 활기를 띠게 되었다. 6월 18일 사옥을 견지동 111번지로 옮기고 6월 30일자부터 종래의 4면제를 6면제로 증면增面하면서 신문의 논조는 더 날카롭게 바뀌었다. 또한 혁신 1주년을 기념하여 월간잡지 『중앙』(1933년 11월), 이후 『소년중앙』(1935년 1월)을 창간하는 등 사세를 확장해갔다. 1934년 6월 27일에는 신문사를 자본금 30만 원의 주식회사로 만들었고, 8월 15일부터는 지면을 조·석간 4면씩 8면으로 늘렸다. 1936년 봄부터는 자본금 20만 원을 증자하여 총 자본금이 조선일보사와 같은 50만 원이 되었고, 『조선일보』나 『동아일보』처럼 조간·석간 12면을 발행했다(임경석 2010, 1271~1275쪽). 이 시기 조선중앙일보사는 임원진을 다음과 같이 개편했다(『조선중앙일보』 1936년 3월 25일자).

사장: 여운형
전무: 윤희중
고문: 권동진權東鎭·윤치호尹致昊
편집국장: 이관구
경리국장: 김세호金世鎬
공무국장: 홍덕유洪悳裕

정치부장: 배성룡裵成龍	사회부장: 박팔양
지방부장: 임원근林元根	학예부장: 김복진
판매부장: 이민종李民鍾	광고부장: 이장영李章榮
도쿄지국장: 조한용趙漢用	오사카지국장: 박윤석朴尹錫

위의 임원진 구성을 보면 사회주의자들부터 친일적 성향의 인물까지 스펙트럼이 넓다. 윤치호처럼 이미 친일협력의 길로 들어선 인물을 고문으로 앉힌 이유를 정확히는 알 수는 없으나, 신문사를 합법적으로 원활하게 운영하기 위한 상징적인 제스처를 취한 게 아니었을까 추측해본다. 또 극히 일부이기는 해도 박팔양처럼 나중에 전시체제기 들어서 일제의 침략전쟁에 협력하는 길로 접어드는 인물도 포함되어 있다. 이와 같이 임원진을 개편하는 한편 '5대 사업'을 설정하는 등으로 활발한 모습을 보이기도 했다. 이때 추진된 5대사업은 ① 증면 단행과 지면 쇄신, ② 사옥 증축과 설비 일신一新, ③ 공장 확장과 기계 증설, ④ 항공부航空部의 내용 충실, ⑤ 출판사업 한층 확대 등이었다(『조선중앙일보』 1936년 4월 1일자).

여운형이 사장직을 맡은 후 『조선중앙일보』가 다른 언론에 비해 상대적으로 얼마나 날카로운 시선을 가지고 일제의 정책들에 대항해왔는지는, 아래에서 보는 바와 같이 수없이 압수·삭제된 기사의 제목들에서 잘 드러난다(임경석 2010, 1273~1274쪽 정리). 삭제된 기사 중에는 일제의 통치정책과 관련된 기사뿐 아니라 「영英·이伊는 개전開戰할 것인가」(『조선중앙일보』 1935년 9월 22일자) 등 국제정세와 관련된 기사도 있다.

1930년대 조선중앙일보사 사옥. 현재는 농협 종로지점이다.

〈압수된 기사〉

- 1933년

    4월: 사상대책위원회(18일자)

    6월: 권총청년 서원준, 드디어 被捉(18일자)

    9월: 간도 공산당 사건 공판진행 불능, 피고 등이 모종 요구 제출하고 결속하여 심리 거부(26일자)

    10월: 주권자는 공포시대(5일자), '잡지농민' 일파의 농민문학론비판 (15일자), OO운동한 이유필 예심종결, 치안위반이라 하여 공판 회부, 신의주법원에서(23일자)

- 1934년

    5월: 편집방법 불온당의 이유로 인하여(10일자), 인천부내 공현리에서

권총실탄 발견(12일자)

9월: 천도교파 大道正 최린 씨 상대로 提訴(20일자)

• 1935년

3월: 조간 사설(21일자)

5월: 조간 제2판(8일자), 교장을 축출코자 勅語 상자에 방화(8일자)

8월: 군무국장 조난에 육군성 단호 결의(13일자)

12월: 유사종교 탄압(24일자)

• 1936년

1월: 今曉 淸島 가두에서 권총갱 버스 습격(14일자)

3월: ① 野中四郎 등의 사진이 있는 것, ② 사진, 野中四郎·安藤輝三·村中孝次의 사진이 있는 것, ③ '東京市中의 警戒光景並 宮城附近警備'라 제한 사진이 있는 것(2일자), 窮民구제비 구백원也 (21일자)

7월: 朝鮮民亂史話〈33〉(6일자)

8월: (호외) 폭탄을 제조해놓고 宇垣 총독의 암살을 도모, 미증유의 '테로' 계획 발로(17일자), 농촌진흥운동은 재검토가 필요, 종래 好成果收得 운운은 공허한 과장에 불과(30일자)

〈삭제된 기사〉

• 1935년

2월: ① '세계경제회의의 제창, 그 진의는 那邊에 있는가' 제4항 말미, ② '국민당 중앙당부의 對滿攪亂工作大綱, 종횡적으로 저항을 지령 중' 일부(3일자) (사설)'인테리겐챠의 위기' 제4항(5일자), ① 석간제2면 6~8단중 일부, ② 석간 제3면 6~7단 일부(29일자)

5월: 조간 제2면 1~10단 일부(3일자), 제2574호 조간 제2판 제2면 1~4단중 일부(8일자)

6월: 석간 제3면 1~3단 일부(9일자), 석간 제2면 8~9단 일부(18일자)

7월: 석간 제3면 '경북도의 강제저금, 팔십삼만 거액' 제하 본문(6일자)

8월: 조간 제1면 6~9단중 일부(18일자), 석간 제3면 4~5단 일부(25일자), 석간 제2면 9~11단 일부(30일자)

9월: 조간 제4면 4~7단 일부(8일자), 석간 제3면 톱 제목 1행(21일자), 조간사설「英伊는 개전할 것인가」전문(22일자), 석간 제2면「피고 정태옥 등 운동의 정당을 역설」제하 본문 일부(28일자)

10월: 석간 제3면 톱 1~3단 일부(11일자), 석간 제3면 톱「租 강제검사로 郡面職員督勵員 등, 도처에서 농민과 충돌」이하 제목(22일자)

11월: 석간 제3면 6~8단 일부(3일자), 조간 제4면 5~6단 일부(12일자)

12월: 조간 제4면, 신간 독후감「정지용 시집에 대하야」의 말미(7일자), 석간 제4면「홍난파 악성을 추모하며, 근대음악의 鼻祖 베토벤의 백육십오주년의 생일을 기념하야」본문 중 일부(15일자), 조간 제2면 톱 1~4단 일부(17일자), 제2804호 조간 사설(24일자), 석간 제3면 7~9단 일부(28일자), 석간 제1면「英佛獨 삼국간 공군 로카르노안 절충」제하 3인중 1인의 사진(30일자)

- 1936년

1월: 석간 제4면 3~6단 일부(12일자), 석간 제2면 "재판장 허락으로

피고를 악수 교환" 2행 및 본문 1행(28일자)

2월: 석간 제3면 "輯安縣 移住동포 이천명의 참상! 영하 삼십도 설한에 幕天度地의 생활 계속' 2행 및 본문 일부(21일자), 석간 제2면 톱 1~4단 일부(21일자), 조간 제1면, 2·26사건 발발(편자 가제) 제목(28일자), 조간 제1면 '계엄령 제이일의 동경' 본문 일부(29일자)

3월: 석간 제1면 톱 기미운동기념일 관련기사의 가제목 일행(1일자)

4월: 석간 제1면 '照魔鏡'(1일자), 석간 제5면 소설 이기영 작 노수현 화 「인간수업(90)」 삽화(12일자), 석간 제5면 「인구의 오분의 일이 渡航受難者!」 제하 말미(14일자), 석간 제1면 「희랍정부 쩸·싸 兩島에 요새를 구축키로 결정」 제하의 사진, 지도(未詳, 28일자)

5월: 석간 제5면 3단 일부(3일자), 석간 제5면 5~7단 일부(8일자), 석간 제1면 5~7단 일부(15일자), 조간 제1면 「일본중의원 조선사업 공책법안원회」에서의 質疑戰中 일부(19일자)

6월: 석간 제3면 1~3단중 일부(25일자), 석간 제5면 6단 1부(28일자)

여운형은 『조선중앙일보』를 통해 일제의 식민통치와 이에 협력한 자들에 대해서는 가차 없이 비판했지만, 노동자·농민·소자본가·학생 등에게는 용기와 격려, 애정을 아낌없이 쏟았다는 평을 받았다. 『조선중앙일보』에는 3·1운동 때 33인의 민족지도자 가운데 대표적인 변절자로 지목되는 박희도나 최린의 패륜적 행위를 폭로하는 등의 특기할 만한 기사도 자주 등장했다. 또한 여운형은 신문사 사장으로서 직접 전국의 수재·화재 등 재해 현장을 찾아다니면서 피해자들을 돕고 위로했으며,

이를 통해 꾸준히 대중적 신뢰를 얻어갔다.

스포츠맨십 강조와 청년층의 민족의식 고취

여운형은 1933년 5월부터 조선체육회 이사에 추대되어 1938년 7월 총독부가 강제로 해체할 때까지 이사직을 역임하면서, 일제강점기 그 어느 때보다 활발한 체육활동을 펼쳤다. 1920년에 조직된 조선체육회는 1938년 일본인 중심의 체육단체인 조선체육협회에 강제로 통합되었다. 그러다가 1945년 8·15 이후 다시 조선체육회로 재탄생했는데, 오늘날 대한체육회의 전신이라고 알려져 있다.

우리 체육계에서 여운형의 입지를 이해하기 위해 8·15 이후의 상황을 잠시 살펴보기로 하자. 여운형은 1945년 11월 26일 위에 언급한 조선체육회가 재탄생될 때 제11대 회장으로 다시 추대되었다. 그뿐만 아니라 조선올림픽위원회가 국제올림픽위원회IOC 가입과 1948년 런던올림픽대회 참가를 위해 1947년 6월 정식으로 IOC의 인가를 받을 때 초대위원장을 맡아 활동했다. 여운형이 암살된 게 그해 7월이었으니, 사망 직전까지 정치적 활동뿐만 아니라 체육계 활동을 지속했음을 알 수 있다. 이와 같이 체육과 운동경기에 대한 여운형의 관심과 경력은 사회적으로도 인정을 받았을 뿐만 아니라, 체육행정가 내지 체육정책가로서의 면모까지 보여주었다.

1930년대에 국내를 대표하는 3대 중앙일간지 사장이라는 사회적 지위에다 조선체육회 이사라는 직함까지 확보한 상태에서, 여운형은 이를 활용하여 조선의 청년 학생들에게 민족의식을 고취하려는 노력을 지속했다. 평소 늘 "건전한 정신은 건전한 신체에서 깃든다"는 생각을 가지고 있었고, 이에 식민지 조선의 청년들을 정신적·육체적으로 단련해 독립 및 건국 준비의 토대로 삼고자 했다.

전시파시즘기에 일제 당국은 조선 청년을 전쟁터에 동원하기 위해 교련교육이나 각종 '연성鍊成'을 통한 정신적·육체적 연마를 중시했다. 연성이라는 말은 원래 1935년 11월 일본 문부성에서 교학쇄신敎學刷新을 목표로 만들어낸 조어造語였는데, 본격적으로는 1941년 3월 일본 내 「국민학교령」에서 규정된 이후 전시체제기 교육의 최고 목표로 사용되었다. 이 말은 "황국신민으로서의 자질을 연마 육성"한다는 뜻으로서, 사회의 모든 부문에서 "총력전체제하의 모범적인 인간형을 양성"하기 위해 줄곧 사용되었다.

이에 반해 소규모 비밀결사를 꾸리는 등으로 스스로 독립운동을 모색하고자 했던 선진적인 청년 학생들은 일제의 이러한 훈련을 거꾸로 조선의 독립과 건국 준비라는 목표를 위해 활용해야 한다고 보았다. 중국에서 독립운동을 할 당시부터 누구보다 청년층 교육·훈련을 중시했던 여운형이, 그 어느 때보다 독립 및 건국이라는 과제가 현실화되어가던 이 시기에 이러한 맥락에서 광범위한 청년층을 정신적·육체적으로 단련시키려 했음은 어찌 보면 당연한 일이다. 이렇게 이 시기 자생적인 소규모 비밀결사운동의 주체였던 선진 청년 학생들과 여운형이라는 인물은 암묵적으로 서로 상통하는 분위기가 있었다고 할 수 있다. 따라서 식민지와 전쟁, 파시즘이라는 암울한 상황을 중첩적으로 겪고 있던 청년들 가운데는, 스스로 먼저 여운형을 찾아가 지도를 청하는 경우도 많았다.

국제적인 상황에 대한 감각과 미래지향적인 인식을 강하게 지니고 있었던 여운형은 조선의 장래를 청년 세대에게 걸고 있었다. 그가 1936년 1월 잡지 『중앙』에 기고한 글 「청년에게 보내는 말」에는 이러한 생각이 잘 드러나 있다.

> 1936년 비상시非常時는 왔다.
> 이 비상시는 어떠한 민족, 어떠한 국가에 국한된 것이 아니고 세계적 비상시다. 비상시기 때문에 세계는 비상한 사람을 찾게 된다. 이 비상한 사람은 반드시 청년 가운데로부터 나오게 될 것이다.
> "장래의 세계는 청년의 세계다." 장래의 세계가 청년의 세계라 한 말이 확실히 진리가 있다고 하면 장래의 조선은 청년의 조선이다. 그러므로 나는 언제나 청년 문제에 크게 관심을 가지며 또 청년과 함께하려 한다. 이는 장래의 주인공인 우리 사회의 상속자가 될 청년 가운데서 비상한 인물이 나오기를 기다리기 때문이다.
> 이 비상한 인물은 소수의 비상한 영웅을 부르는 것이 아니라 시대가 비상하니만큼 비상한 사업을 이룰 비상한 대중 청년을 말하는 것이다.
> 이 비상시는 반동기적 비상이요, 우리 청년의 활동기적 비상시는 아직 장래에 속해 있다. 그러면 현금 세계적으로 모든 것이 극도로 반동기에 당한 모든 조선 청년의 객관적 정세가 과연 비상한 청년을 나오게 할 수 있는가? 가정으로부터 학교·사회에까지 부친으로부터 사우師友·선배에까지 기타 경제·도덕·관습 모든 것이 조선 청년의 나아갈 길에 미무迷霧가

되지 아니하면 장애가 되는 것이라고 생각한다. …

다시 말하거니와 장래의 세계는 청년의 것이다. 그럼으로 장래의 조선은 조선 청년의 것이다. …

여운형은 조선의 청년들을 정신적·육체적으로 육성할 수 있는 가장 유용한 수단이 바로 각종 스포츠 활동과 스포츠맨십의 강화라고 생각했다. 그는 평소 청년 학생들에게 각종 운동을 통해 신체를 건강하고 강인하게 단련하라고 당부하면서 스포츠맨십, 권투정신 등을 강조했다. 그뿐만 아니라 수시로 여러 웅변대회에서도 심사를 맡아 인재를 발굴하기도 했다. 또 각종 대회의 주최자나 후원자로서 또는 스포츠 단체나 대회의 임원으로서 연설회와 강연회를 개최하는 것은, 일제 당국의 눈을 피해 민족의식을 높일 수 있는 좋은 수단이 되었다.

조선중앙일보사 사장 취임 직후인 1933년 4월 초 여운형은 처음으로 신문사 주최로 해외 선수를 초청하여 권투경기를 열었다. 이 경기의 개회사에서 그는 다음과 같이 연설했다(이기형 2004, 237쪽).

권투정신, 피를 흘리면서도 싸우고 다운돼도 다시 일어나 싸우는 권투정신은 우리 청년들이 의당 본받아야 할 훌륭한 정신이다. 남성답게 씩씩하게 싸우라. 비겁하지 않게 정정당당히 스포츠맨십으로 싸우라. 나는 청년은 내남을 가리지 않고 좋아한다. 무릇 청년은 진리와 정의를 위해서는 목숨도 아끼지 않는 불가슴을 안고 있기 때문이다. …

1934년 영국 축구팀과의 친선경기 후 기념 사진(기념사업회 소장)

　이 밖에도 여운형은 상하이의 축구단을 초청해 친선경기를 갖는 등 여러 차례 운동경기를 주최했다. 조선중앙일보사 사장 재임 시절 그가 회장이나 위원장을 맡았던 스포츠 단체나 대회는 조선체육회를 비롯해 조선농구협회·조선축구협회·서울육상경기연맹·풀-마라톤대회·빙상경기대회·동양권투회·스포츠여성구락부·고려탁구연맹 등 수없이 많았다. 그 현황을 간략히 정리해보면 〈표 1〉과 같다(최성진 2012, 13~14쪽). 〈표 1〉의 여러 대회들 가운데 가장 중요한 것은 조선체육회가 주최하고 중앙일보사가 후원하면서 여운형이 대회위원장을 맡았던 '조선 풀-마라톤대회'였다. 1933년부터 매년 열린 조선 풀-마라톤대회는 1936년 '일장기 말소사건'이 터지면서 제4회 대회를 마지막으로 끝을 맺었다.

〈표 1〉 여운형이 회장·위원장을 맡았던 스포츠 단체·대회 현황

일자	단체 및 대회	직위
1933.5	조선체육회	이사
1933.9	조선농구협회	회장
1934.4	조선축구협회	회장
1934.4	경성육상경기연맹	회장
1934.4.22	제2회 조선 풀-마라톤대회	위원장
1934.5.9	중등학교 및 숫구락부 농구연맹전	회장
1934	제2회 조선 중등학교 빙상경기대회	위원장
1934.7	서울육상경기연맹	회장
1935.1	유단자회	고문
1935	제3회 조선 풀-마라톤대회	위원장
1935	제3회 조선 중등학교 빙상경기대회	위원장
1935.4	동양권투회	이사
1935.5.14	전 조선 축구선수권대회	회장
1935.6	조선체육회	이사(재선)
1935.11	스포츠여성구락부	고문
1936.1	고려탁구연맹	회장
1936	제4회 조선 중등학교 빙상경기대회	위원장
1936.4.25	제1회 전 조선 도시대항 축구전	회장
1936.4	제4회 조선 풀-마라톤대회	위원장
1936.6.11~12	전 간도 학생축구대회	회장
1936.9.14	조선 중등학교대항 유도대회	회장
1945.11~1947.7	조선체육회	회장(제11대)
1947.5	조선올림픽위원회	위원장

여운형은 서상천·이규현과 공저로 1933년 『현대철봉운동법』(한성도서)이라는 책을 출판하면서 자신의 웃통 벗은 사진을 게재할 정도로 체육 보급에 대한 열망이 높았다. 지금도 그렇지만 당시로서는 언론사 사장이 상반신 누드모델로 나서서 만인이 보는 책에 사진을 게재하는 일은 상상조차 할 수 없었다. 이처럼 여운형은 권위나 체통 따위는 중시하지 않는 대중적인 면모를 지니고 있었다.

『현대철봉운동법』(1933) 수록 사진

여운형은 일제치하에서의 운동경기를 항일운동이자 민족운동의 일환으로 보고 있었다. 과거 역사상 조선인은 건강한 신체를 가졌으나 조선 시대를 거치면서 문약文弱에 흘러버려서 결국 식민지 상태에 이르게 되었다는 것이다. 따라서 이 식민지 상태를 극복하기 위해서는 먼저 건강한 신체를 육성해야 한다는 논리가 나오는 것이다. 또한 그가 체육을 장려하는 대상은 단지 남성에 국한된 것이 아니었다. 남녀노소 누구나, 특히 노인이나 여성의 체육에도 관심을 갖고 권장·독려했다. 오늘날 체육사학계에서는 이 시기 여운형의 체육활동에 대해 "근대 스포츠 발전의 초석을 다지는 일거양득의 효과"를 가져온 '스포츠 활동의 황금기'였다고 적극적인 평가를 부여하고 있다(손환·최성진 2011, 59~60쪽).

일장기 말소사건과 신문의 폐간

일본이 독일·이탈리아와 방공협정을 맺고 조선에 미나미 지로南次郎 총독이 부임한 1936년부터 조선중앙일보사는 어려움에 봉착했다. 여운형은 우가키 총독에게 "나는 늘 신문을 투쟁적 정신으로 하여왔는데 총독의 양해 없이는 해나갈 수가 없을 것이다"라고 하면서 미나미가 오면 조선중앙일보가 폐간될 것이라고 했다 한다. 이에 평소 여운형과의 관계가 우호적인 편이었던 우가키는 잘 싸워나가라고 격려했다는 일화도 있다(이만규 1946, 316쪽).

그러던 중 1936년 8월 9일 제11회 베를린올림픽 마라톤에서 손기정孫基禎 선수가 올림픽 신기록을 세우며 우승하는 일이 벌어졌다. 출발 전 선수단 환송회에서 여운형은 "제군들은 비록 가슴에는 일장기를 달고 가지만 등에는 한반도를 짊어지고 간다는 것을 잊어서는 안 된다"고 강조한 바 있다. 그런데 손기정이 금메달을 따고 남승룡이 동메달을 따는 쾌거를 거두자, 『조선중앙일보』는 곧바로 「마라톤의 제패, 손·남 양 군의 위공偉功」이라는 사설을 비롯해 「대망의 제패 완성」, 「반도산하 환성창일歡聲漲溢」, 「영원히 기념할 손 군의 장거壯擧」, 「조선청년의 의기충천」, 「중구中歐의 창천에 용립하는 손 군의 동상」, 「반도 남아의 의기의 상징」 등의 기사를 실었다. 이 기사들은 제목만으로도 독자들의 감정을 끌어올리기에 충분했다.

게다가 1936년 8월 13일자 보도에서는 운동기자 유해붕柳海鵬이 손기정의 가슴에 일장기가 지워진 사진을 게재했다. 『조선중앙일보』의 이 보도는 당일 『동아일보』 지방판의 보도와 함께 최초의 일장기 말소 보도였다. 이 보도는 다행히도 일제 당국의 검열에 발각되지 않고 무사히 통과되었다. 며칠 뒤 8월 25일자 『동아일보』가 일장기를 말소한 채 게재했는데, 이것이 일제 당국의 검열에 걸려 문제되면서 『조선중앙일보』까지 잇달아 타격을 받게 되었다. 경기도경찰부가 8월 25일 '동아일보 일장기 말소사건' 수사에 착수하면서 『조선중앙일보』의 사건도 함께 수사선상에 올랐던 것이다.

그렇게 일장기 말소사건으로 신문은 정간되었고, 사장 이하 주필·편집국장 등 관계자 다수가 구금되었다. 그 경위는 다음과 같다. 이 사건으로 『동아일보』가 8월 27일부터 제4차 무기정간을 당하게 되자, 조선중앙일보사 간부회의에서는 자진해서 먼저 게재 사실을 밝히는 편이 정간을 당해도 가벼울 것이라고 결정했다. 이 결정에 따라 조선중앙일보사는 기자 유해붕에게 자수를 하도록 하고 "근신勤愼의 뜻을 표하고 당국의 처분이 있을 때까지 휴간함"이라는 사고社告를 게재했으며(『조선중앙일보』 1936년 9월 4일자), 9월 5일자 조간부터 휴간에 들어갔다.

훗날 기자 유해붕의 언급에 따르면, 여러 차례 기사가 불온하다는 주의를 받았음에도 사장 여운형이 자신에게 "붓대가 꺾어질 때까지 마음껏 민족의식을 주입할 것이며 그놈들의 주의를 들을 필요는 없다"고 말했다 한다(『조선중앙일보』 1947년 7월 1일). 동아일보사의 일장기 말소사건 당시 노골적으로 노여움을 드러냈던 사장 송진우宋鎭禹의 반응과는 매우 달랐다. 동아일보사 사주社主 김성수金性洙는 노여워하면서도 이 사건을 민족의식을 일깨워주는 일종의 경고 메시지로서 민족지로서 『동아일보』가 십자가를 져야 한다는 생각도 동시에 가졌다고 한다(하정희 2013, 24쪽).

신문이 정간된 이후 조선중앙일보사는 최선익崔善益·윤희중尹希重·성낙선成樂憲 등 3대 주주의 대립 암투가 지속되었으며, 결국 여운형은 총독부의 강요로 사임했다. 『동아일보』는 9개월 만에 정간이 해제되었으나, 『조선중앙일보』는 이때까지도 별다른 타개책을 찾지 못하다가 1937년 11월 5일 '발행허가 효력 자연 상실'로 끝내 폐간되었다. 총독부 당국은 사장으로 성원경成元慶·이범익李範益·고원훈高元勳 등 친일 인사 3인 가운데 한 명을 앉히면 신문을 속간시켜주겠다고 했으나, 주주들이 이는 조선중앙일보사의 정신에 위반하는 것이라며 거부했다고 한다. 오늘날 여러 글에서 『조선중앙일보』가 '자진 폐간'했다고 서술하고 있는데, 그 경위는 이렇다.

결국 여운형이 신문사를 맡은 지 4년여 만에 『조선중앙일보』는 폐간되었고, 당시 재산이 전혀 없었던 여운형은 조선중앙일보사 사택을 주주들에게서 선물로 받았다. 함양여씨 9대 종손 여운형은 일찍이 집안의 노비문서를 모두 불태웠고 1914년 중국으로 망명할 당시 가산을 모두 정리하고 떠났었다. 그가 다시 국내의 감옥에서 풀려났을 때는 그나마 남아 있던 집안의 재산마저 모두 친족들이 사용하고 있어서 다시 찾지 않았다고 한다.

하지만 『조선중앙일보』의 폐간과 주식회사 청산 문제가 순조롭게 마무리된 것만도 아니었던 듯하다. 이에 대해 항변하는 사람도 있었고 사장 여운형에게 그 내용을 '공개장' 형식으로 보낸 이도 있었다. 여운형

스스로 언급한 바에 따르면, 이 공개장의 내용은 "첫째, 신문 속간 문제에 있어서 내게 성의와 노력이 부족하다는 것을 비난했고, 둘째 퇴직 사원의 대우 문제에 있어서 나의 방관적인 태도를 책망했고, 셋째로 내가 지금 살고 있는 집 문제에 대한 항의였다"고 한다. 이에 대해 그는 첫 번째 문제에 대해서는 자신의 책임을 통감한다고 했으며, 두 번째 문제에 대해서는 청산 후 잔액을 당초 약속대로 문화사업이나 사회사업에 내놓지 않은 주주들의 양심을 비판했다. 마지막으로 집 문제에 대해서는 청산위원회가 집을 부인 명의로 등기해왔고 또 그들의 호의를 거절하면 "결국 그만큼 주주들의 주머니를 채우게 하는 이외에 하등 의의 있는 일도 못되므로, 받아두기는 했으나 나는 나대로 다른 방침이 있었다"고 하면서, "신문사 내에 가치 있는 동무들에게 내맡겨서 단 한 푼씩 나눠 갖겠다"고 입장을 밝혔다(『몽양여운형자료집』1, 180~182쪽).

이렇게 여운형이 조선중앙일보사의 실질적인 소유주가 아니었던 관계로, 『동아일보』·『조선일보』와 달리 8·15 이후 『조선중앙일보』는 복간되지 못했던 것 같다. 해방공간에서 1947년 7월 1일 자로 새로 발간된 『조선중앙일보』는 일제강점기 여운형 등이 발행했던 신문과는 아무 관련이 없다. 이 시기 여운형은 1946년 11월부터 『중외신보中外新報』 사장직을 잠시 맡아 주식회사로 만들기 위해 애쓰던 중 암살을 당해, 결국 그 발족까지 직접 보지는 못했다.

조선중앙일보사 사장이라는 직책으로 여운형이 국내에서 활동한 1930년대는 그의 전 생애에서 보면 상대적으로 안정된 시기였다. 이 시기 국내에 남아 합법적 활동을 전개하기로 선택한 여운형의 판단, 즉 식민지 조선의 청년 대중과 접촉면을 넓히면서 정치·사회적 신망을 획득해간 행보는, 이후 1940년대 비합법 활동과 해방공간에서의 국가건설 운동에 중요한 자산으로 작용했다.

독립의 희망을 바라보며
새로운 국가 건설을 준비하다

중일전쟁 개시와 정세 판단

1937년 7월 7일 중일전쟁의 도화선이 된 루거우차오盧溝橋 사건이 일어났다. 한반도를 거쳐 만주까지 침략한 일본제국주의가 마침내 중국 대륙에까지 손을 뻗게 된 것이다. 이 사건은 사실상 제2차 세계대전의 출발이라고 볼 수 있다. 흔히 1939년 독일의 폴란드 침공을 그 출발로 보고 있지만, 유럽 중심적 시각을 벗어나서 보면 제2차 세계대전은 중일전쟁의 개시에서 시작되었다고 할 수 있다. 즉 2차 세계대전의 시작과 끝이 모두 일본제국주의에서 이루어진 것이다.

조선중앙일보사 사장 시절에도 그러했지만, 일제가 중국과 전쟁을 시작함에 따라 여러 방면에서 여운형의 활용 가치가 높아졌다. 항일독립운동이라는 측면에서도 그러했지만, 일제 당국의 입장에서도 젊은 시절

꼬박 15년을 중국에서 거물급 독립운동가로 활동한 중국통 여운형의 이용 가치가 높아졌다는 의미이다. 총독부 당국은 황민화정책의 일선에 여운형을 내세우려 했고, 일본 군부 등에서도 여운형을 자신들의 중국 문제 해결에 앞장세우고자 했다. 중국통이라는 일제 당국의 판단으로 여운형은 여러 차례 군부·정계 등 도쿄의 유력자들과 만났고 중국과 화평 교섭을 추진해줄 것을 제안받았다. 이 제안들은 모두 거부했으나, 이러한 과정에서 그는 국내외 정세의 변화를 비교적 소상하게 파악할 수 있었다.

중일전쟁의 추이는 조선의 앞날을 결정하는 데 중요한 계기로 작용했다. 전쟁이 장기전으로 돌입할 것인지, 소·일전쟁 내지 미·일전쟁으로 확대되어 결국 세계대전으로 전화할 것인지, 그 경우 일본의 군사력·경제력은 어느 정도인지 등에 대한 전망은 조선인 개개인의 거취 선택과 나아가 조선 민족 전체의 운명을 좌우하게 되었다. 따라서 이 문제는 독립운동 진영이나 조선 사회 상층의 명망가들뿐만 아니라 일반 민중들, 특히 청년 학생들에게는 큰 고민과 관심거리였다. 상층의 지식인·경제인 등 다수가 일제의 '승전' 논리에 휘말려 '친일파'가 되어갔으나, 일부 청년 학생층을 중심으로 일제의 패전과 패망을 전망하면서 산발적으로 소규모 비밀결사를 조직하는 움직임을 지속적으로 전개했다. 그렇게 전쟁이 장기화하고 세계대전으로 전화해가자 일제 말 조선인 사이에서는 추축국의 전쟁 협력 세력으로 기능했던 층도 생겨났고 연합국의 협력 세력으로 기능했던 층도 생겨나는, 매우 불운한 상황이 연출되었다.

중일전쟁 초기부터 희망과 바람으로 등장하기 시작한 일제 패망에 대한 인식은 1941년 12월 태평양전쟁이 일어나면서부터는 더욱 현실성을 띠며 발전해갔다. 당시 국내 청년들 사이에서 이러한 인식이 퍼져갈 수 있었던 데에는, 중일전쟁이 일어나자마자 전쟁의 추이와 조선의 앞날을 정확히 내다보았던 여운형과 같은 인물이 있었기 때문이다. 루거우차오 사건이 터진 직후 여운형은 미국 유학생 몇 명과 시국에 관해 다음과 같은 이야기를 주고받았다고 한다(이만규 1946, 321쪽).

> 이 사변은 일본이 스스로 묘혈을 파는 것이다. 그 이유는 일·영·미가 중국에서 장거리 경주를 하는데 제1차 전쟁 전까지는 영국이 패권을 잡았고 전쟁 후에는 미국이 패권을 잡아 미국의 차관이 단연 증가하니 일본은 자기가 독점하지 못하는 데 분개하여 노구교 사변을 일으킨 것이다. 그러나 일본의 독점은 영·미가 절대 불허한다. 이때에 양국은 반드시 합작하여 일본에 대항할 것이다. … 영·미는 반드시 중국의 운동을 밀어가지고 일본과 싸울 것이다. 미국 한 나라로도 일본을 대항하기에 넉넉할 터인데 하물며 2국이리오. 그러므로 일본은 자멸하고 조선은 해방될 것이다. 우리는 자신을 가지고 기다리고 준비하여야 한다.

국내외 정세를 살피고 판단하는 그의 탁견을 읽을 수 있는 대목이다. 중일전쟁이 영·미와의 전쟁으로 확대될 것이고 그렇게 장기전이 되면 일제는 패망하고 조선이 독립할 것을 분명히 전망했다. 국내에 있으면서도 이렇게 정확히 전쟁 상황을 예측하고 있던 여운형의 인식은 당시 일제 패망과 조선 독립을 희망하던 청년들에게 큰 영향을 미쳤다.

이만규는 일제 말 전시파시즘하에서 여운형의 활동을 '소극적 저항'과 '적극적 준비'로 구분하여 하나하나 언급한 바 있다. 소극적 저항으로는, ① 친일파 간담회 출석 거절, ② 칙임참의勅任參議 거절, ③ 강연 방송 거절, ④ 신사참배·국방헌금 거절, ⑤ 학병 권유 거절, ⑥ 익찬운동翼贊運動 거절, ⑦ 왕징웨이 정권 협력 거절, ⑧ 사이토齋藤 검사와 논쟁, ⑨ 형사를 회유, ⑩ 도쿄행, ⑪ 3년간 집행유예, ⑫ 청년운동 계획을 파괴, ⑬ 잡다한 행사를 모두 거절, ⑭ 중국 교섭 요구 등을 들었다. 적극적 준비는 조선건국동맹 조직을 통해 본격적으로 독립과 건국에 대비해갔던 일련의 과정을 의미한다.

도쿄행과 중국 화평 교섭 제안 거부

1939년 9월 독일의 폴란드 침공으로 제2차 세계대전이 시작되고 1941년 6월 독·소전쟁, 12월 미·일전쟁으로 확전되어가던 상황에서, 1940년 봄부터 1941년 가을 사이에 여운형은 여러 차례 도쿄를 방문했다. 정확히 몇 차례나 언제부터 며칠간 방문했는지는 명확히 알 수 없으나, 이 사이에 적어도 서너 차례 이상 방문했던 것으로 보인다. 흔히 여운형에 관한 여러 평전에서 이 시기 그가 "세계정세를 파악하는 한편 유학생들을 규합하여 해방될 조국의 앞날을 위한 인재 양성에 힘을 기울였다"고 서술하고 있는데(여운홍 1967, 105~107쪽), 그 저변에는 매우 복잡한 문제들이 깔려 있었다.

여운형은 중국 망명 시절 쑨원·왕징웨이·장제스·마오쩌둥 등 여러 인사들과 친분이 있었기 때문에, 중국과의 전쟁이 장기화된 상황에서 일제 당국은 친일 인사들과 야합하여 갖은 회유와 압박으로 그를 끌어내리고 노력했다. 하지만 여운형은 끝까지 이를 거부했다. 그러던 어느 날 그는 군참모부·보호관찰소 등의 회유를 받는 와중에 "이런 중대한 문제는 적어도 중앙정부와 결정할 성질"이라면서 "도쿄 가서 하겠다"고 대답했다. 당시 일본은 소·일전쟁 내지 미·일전쟁을 눈앞에 두고 또 다시 '아시아주의' 논리를 내세우며 중국과의 화평和平을 시도하려던 상황이었다. 이에 총독부 당국은 여운형에게 여비까지 지급하고 육군성의 실세인 다나카 류키치田中隆吉와의 면담을 주선하는 등 그의 도쿄행에 각종 편의를 제공했다.

당시 여운형이 도쿄행을 결심한 데는 다음과 같은 여러 요인과 목적이 있었다. "① 활동적인 여운형이 보호관찰 처분의 부자유에서 탈피하고 싶었던 점, ② 일본의 제1급 정치가와 군인, 학자와의 교유를 통해 일본 정치 상황을 정확히 파악하고 싶었던 점, ③ 제1급 인사와 시국 문제를 토의하고 대일 협력의 자세를 보여 치안경찰의 시선을 현혹시키는 것, ④ 재일 유학생과 동포를 계몽하고 독립운동을 조직, 해방의 날을 준비하는 것" 등이었다(강덕상 1997, 308쪽). 실제로 도쿄행을 통해 그는 이 목적들의 대부분을 이뤄냈다.

1940년 3월 도쿄를 방문한 여운형은 육군성의 다나카 류키치 소장, 우익 정객인 오카와 슈메이大川周明, 고노에 후미마로近衛文磨 수상, 우가키 전 조선총독 등을 만났다. 이때 다나카는 그에게 "충칭重慶에 가서 장蔣을 권하고 난징에 가서 왕汪을 달래어 일본의 진의를 알려달라"고 하면서 운동비로 2,000만 원을 지급하겠다고 했다 한다. 여운형이 "내가 만일 2,000만 원을 갖다가 조선 독립운동에 써버리면 어찌 하겠느냐"라고 하자, 다나카는 마음대로 해도 좋다고까지 대답했다고 한다. 하지만 여운형은 이러한 제안을 거절했다(이만규 1946, 327쪽).

이처럼 몇 차례의 도쿄행 과정에서 여운형은 일제 당국자들에게서 여러 차례 갖은 종용과 회유를 받았다. 하지만 끝끝내 한 번도 이에 응하지 않은 점으로 미루어볼 때, 이 시기 도쿄행의 목적은 위에서 언급했던 여러 사항들이었던 것으로 보인다. 그리고 몇 차례의 도쿄행을 통해 이 목적들은 대부분 '성공'했다고 할 수 있다. 이러한 활동으로 인해 여운형은 훗날 '일본 스파이', '부일附日 협력자' 등의 오명을 쓰기도 했지만, "'적'의 본거지에 뛰어들어 대담하고 치밀하게 해방의 날을 준비했던 활동"이라는 평가도 동시에 받고 있다(강덕상 1997, 309쪽).

이 시기 여운형의 부일 혐의 논란은 대표적인 친일 문제 연구자 임종국林鍾國이 처음 제기했다. 그는 먼저 조선중앙일보사 사장 시절인 1934년 3월 발족한 조선대아세아협회 상담역 명단에 오른 것과 1935년 조선교화단체연합회 발회식에 내빈으로 참석한 것을 그 근거로 들었다. 하지만 대아세아협회의 경우 발족 후 활동이 전혀 없었고, 또 15명의 조선인 상담역에 3인의 신문사 사장이 모두 이름을 올린 것으로 보아 합법 활동 속에서 피할 수 없었던 일로 보인다. 왜냐하면 같은 시기에 여운형이 신문·잡지에 수많은 글들을 발표하여 일제의 식민정책이나 친일파의 개량화 노선을 신랄하게 비판하고 있는 점과 너무나 대조되기 때문이다. 다음으로 1942년 12월 검거되었다가 1943년 7월 석방된 후 실린

『경성일보京城日報』의 학병 권유 논설이 문제시 된다. 하지만 일반적으로 이 기사는 자의로 직접 작성한 것이 아니라고 알려져 있다(윤해동 1991, 220~222쪽).

위에서 언급한 도쿄행의 네 번째 목적에서도 알 수 있듯이, 여운형이 도쿄에 가서 일본의 고위관료들만 만난 것은 아니었다. 일본 유학생 등 청년들을 만나 독립의식을 고취하는 일도 중요한 임무 중 하나였다. 당시 일본 내에는 국내와 마찬가지로 유학생이나 강제동원된 노무자 청년들이 중심이 된 소규모 비밀결사가 지역마다 다수 조직되어 있었다. 한 예로 도쿄 일대의 조선인 청년들이 중심이 되어 1940년 3월 결성된 죽마계竹馬契에서는 당면한 민족운동의 지도이론을 전문적으로 연구해야 한다는 생각에서, 여운형이 도쿄에 오자 강연회를 주최한 바 있다. 이들은 1941년 6월 여운형을 도쿄 인근 가나가와현神奈川縣에 있는 호텔로 초빙하여, 제1차 세계대전 이후 임시정부를 중심으로 한 독립운동 상황 등에 대해 청취했다(『독립운동사자료집』 별집 3, 348쪽).

미국 비행기의 도쿄 공습을 목격하고 1942년 4월 18일 귀국한 여운형이 평소 친분이 있던 목사들에게 일본은 반드시 전쟁에서 진다고 말한 것이 빌미가 되어, 그해 12월 여운형을 비롯한 다수가 '유언비어 유포죄'로 검거되었다. 여운형은 1943년 7월에 징역 1년, 집행유예 3년을 언도받고 석방되었으나, 그는 끈질긴 전향轉向 강요와 감시, 회유에 시달려야만 했다. 하지만 그가 석방되던 즈음 일본의 전황戰況은 이미 상당히 기울어서 패망이 점차 가시화되어가고 있었다. 이에 여운형은 확실한 비합법 활동을 통해 본격적으로 독립과 건국 준비에 착수해야 함을 직감했고, 곧바로 이를 실행에 옮겼다.

한편 일제의 전쟁이 최고 막바지에 달해 '무조건 항복'만을 앞둔 1945년 7월에 여운형은 또 다시 고이소 구니아키小磯國昭 총독에게서 중국과 교섭해달라는 권유를 받았다. 군사력과 경제력의 한계에 도달한 일제는 1944년 9월경부터 대對중국 화평 공작을 결정하고 여러 방면으로 노력하고 있었다. 이는 중국 충칭의 국민당 정부와 미국, 그리고 국민당군과 공산당군을 분리시키겠다는 의도였다(이정식 2001, 151쪽). 제2차 세계대전의 주범 중 하나인 이탈리아가 이미 항복했고 독일 역시 항복만을 앞둔 시점에서 유럽의 전쟁이 끝나면 당연히 소련군이 아시아의 대일對日전쟁에 참여할 것이므로 이를 막아야만 한다는 이유가 가장 컸다. 고이소는 여운형에게 먼저 국민당 정부와 교섭하고 안 되면 옌안延安으로 가서 공산당군인 팔로군八路軍의 양해를 구해 중국과 소련 간의 중립조약을 강화하여 소련의 대일개전對日開戰을 막아달라고 했다. 이에 여운형은 중국이 일본과 싸우는 한 국민당군과 공산당군은 절대 분리하지 않는다면서 응하지 않았다. 다급했던 일본 군부에서는 북지나방면군北支那方面軍 참모장 다카하시 단高橋坦이 직접 조선으로 와서 여운형을 만나겠다는 전보까지 보냈다. 그러던 중에 8·15를 맞게 되었던 것이다.

제1차 세계대전 때와는 달리 일본이 독일·이탈리아와 함께 전쟁의 추축국으로 참가한 제2차 세계대전의 결과는 조선의 운명을 좌우할 방향키였다. 1차 세계대전을 수습하는 과정에서 패전국의 식민지 처리 방침으로 등장한 윌슨의 민족자결주의 원칙은, 3·1운동 당시로서는 승전국 일본의 식민지인 조선에 결코 적용될 수 없는 논리였다. 하지만 일본이 패전국이 될 가능성이 높은 2차 세계대전의 결과는 조선의 독립과 국가건설에 매우 중요하게 작용하리라는 사실을 여운형은 잘 알고 있었다. 앞서 언급했다시피 미국 비행기의 도쿄 공습을 목격하고 귀국한 그가 지인들에게 "일본은 반드시 전쟁에서 진다. 1차 대전 이후의 평화회의 때처럼 이번 전쟁 후의 평화회의에서 조선은 독립할 것이다"라는 취지로 이야기했다가 또 다시 검거된 데서 잘 드러난다.

이와 같이 여운형은 누구도 따라올 수 없는 탁월한 외교력으로, 언로가 막혀 있던 일제 말 전시파시즘기에, 국내에 있으면서도 국외 독립운동가들 못지않은 통찰력과 조선 독립에 대한 자신감을 가질 수 있었다. 이를 바탕으로 그는 독립운동가로 활동했을 뿐 아니라 늘 한 발 앞서 조선의 앞날을 예견하고 방향을 제시하는 참 정치가의 길을 걸었다.

조선 청년들이 기대한 민족지도자

침략전쟁을 수행하던 일제 당국은 당면한 전쟁에서 무조건 일본이 이기고 있고 최종 승리할 것이라는 내용의 선전 공작과 여론몰이를 강화해갔다. 하지만 1937년 7월 중일전쟁이 일어난 후 국내외 정세를 제대로 알기 어려웠던 청년들 가운데는 답답한 마음에 사회적 명망가인 여운형·이광수·안창호 등을 개인적으로 찾아나서는 경우가 많았다. 집안 분위기를 일본풍으로 단장하고 친일 주장만 펼쳐서 청년들에게 실망을 안겨줬던 이광수와 달리, 여운형은 예리한 판단력과 타고난 말솜씨로 큰 감명을 주었다. 예컨대 1984년에 『여운형 평전』을 썼던 이기형도 처음에는 이광수를 찾아갔다가 실망하고 돌아서서 다시 여운형을 찾아가 큰 감명을 받고 돌아왔다고 한다. 여운형의 이러한 영향력으로 그가 1944년 비밀리에 독립과 건국 준비조직으로 결성한 건국동맹과 8·15 직후의 건국준비위원회에는 수많은 청년들이 따르며 참여했다.

일제 말 전시파시즘기에 독립과 해방을 꿈꾸던 선진적인 청년들은 나름대로 소규모 비밀결사를 꾸려서 독립과 건국을 준비하는 활동을 전개하고자 노력했다. 이들은 여운형과 마찬가지로 역시 당면한 전쟁이 장기화하면 경제력·군사력이 약한 일본은 미·영·소를 중심으로 한 연합국 측에 패망할 수밖에 없음을 인식하고 있었다. 또 이러한 시기의 도래에 대비하여 만주나 중국 등지에서 조선인 무장독립운동 세력이 준비를 하고 있다는 것도 여러 경로를 통해 막연히 듣고 있었다. 따라서 일제의 패망이 가까워질수록 국외 항일무장 세력이 국내로 진격해올 때를 위해 준비해야 하며, 일제를 몰아낸 후 새로운 국가를 건설하기 위해 정치·경제·사회·문화 등 각 방면에서 실력을 양성하여 대비해야 한다고 생각하는 청년들이 많아져갔다.

하지만 이 시기 청년 학생들이 스스로 이를 인식하고 독립운동을 모색하고자 해도 과거와 같이 국내에서 항일운동가의 조직적 지도를 받을 수는 없는 상황이었다. 따라서 이들은 자발적으로 소규모 비밀결사나 독서모임 등을 꾸려 나름대로 모색할 수밖에 없었다. 이 청년들 중 일부는 더 정확한 정세 상황을 알고자 개별적 혹은 집단적으로 과거의 운동가들을 찾아다니면서 지도를 받고자 했는데, 국내에서는 주로 여운형·이광수가 그 대상이었다. 물론 국외까지 포함하면 김일성金日成을 중심으로 한 만주의 항일무장부대에 합류하려고 직접 찾아나서는 경우가 가장 많았다. 이 밖에 국외의 김구·김원봉·이승만 등이 이따금 독립운동의 지도자로 거론되기도 했다.

이러한 현상은 매우 일찍부터 시작되었으며 국내뿐만 아니라 일본 유학생들의 경우도 마찬가지였다. 도쿄의 대학생들로 구성된 연학회硏學會에서는 1937년 7월 중일전쟁이 일어나자 그 중심적인 회원들이 국내로 들어와 여운형 등 명망가들과 연계하여 활동하려는 계획을 세웠다. 이들은 대부분 과거 광주학생운동에 주도적으로 참여했던 청년들이었다(『고등외사월보』 8, 9~16쪽).

1930~1940년대에 국내에서 표면적으로 여러 활동을 전개했던 여운형에 대한 인지도는 매우 높은 상태였고, 독립 후의 지도자로도 여운형이 적합하다는 인식이 많았다. 이 시기 소규모의 항일비밀결사운동에 참여했다가 검거된 청년 학생들의 진술을 통해 유추해보면, 당시 국내에 있던 인사들 중 가장 존경받던 인물이 여운형이었음은 쉽게 알 수 있다. 한 예로, 경성부京城府에서 공원工員으로 일하던 전규홍全珪弘은 1944년 10월에 "독립이 되면 우리의 지도자는 여운형이 가장 적격자"라는 발언 등을 했다가 검거되었다(『판결문』 1945년 6월 11일). 이 시기에 국내와 일본에서 소규모의 독서모임이나 비밀결사를 조직하고자 했던 청년 학생들의 그룹에서 여운형과 직접·간접으로 관련된 사례 가운데 몇 가지를 연도순으로 보면 〈표 2〉와 같다(변은진 2018, 지역별 현황표에서 추출).

〈표 2〉 일제 말 여운형과 관계된 국내·일본의 소규모 비밀결사 현황

명칭	시기	지역	관련 인물	구성 및 조직	취지 및 활동	참고문헌
공립 춘천중학교 독서회	1939~ 1941.3	강원도 춘천	이란·박영한· 고제훈·원후정· 김영근·고부생· 임무사 등	'제2차 상록회운동'. 이임수의 아들 이란을 통해 **여운형**의 영향	조선 독립 민족적 서적 윤독, 토론, 독후감 발표 졸업 후 김일성부대에 합류 계획	『독립운동사자료집』 13; 『춘천항일독립운동사』; 『독립운동가의 삶과 회상』 2(김영근· 이란)
죽마계 (竹馬契)	1940.3~ 1941.6	일본 도쿄, 서울	안병익·김사복· 이창덕·김덕순· 안종식·이해룡· 안병익·김홍기· 구철회·이일동· 이봉하·구철회· 김홍기·백재호· 공승엽·문종두· 정학룡	계장·간사·연구부·사업부 등 설치. 본부(서울)는 안병익. 지부(도쿄)는 이해룡·이창덕. 1940.7 본부를 도쿄, 지부를 서울로 변경	조선 문화에 기초한 독립국가 건설. 문맹자에 대한 학교 경영, 출판사업을 통해 정신적 계몽 실현, 민족의식 배양, 학력 불문하고 인물 본위로 동지 획득. **여운형** 초빙 강연	『독립운동사자료집』 13; 『독립운동사자료집』 별집 3; 『소화특고탄압사』 7
(무명)	1940.3~ 1942.1	전북 전주	송정섭·김병화(점원)·조남헌(회사원)·조세경(농업) 등	문학·법률 등으로 실력 양성 분야 분담	일제 패망의 결정적 시기에 임시정부와 김일성군, 국내의 **여운형** 등이 호응해 봉기할 것이므로 그때까지 실력 양성	「전주지법 판결문」 (1944.6.12)
'조선기독교 민족주의 그룹'	1940.10~ 1945 • 1941.12 검거, 1943년 출옥 후 계속, 다시 검거	일본 나고야 등	박상동·추인봉· 박상봉·김은석· 정기환·안승악· 정정달·박영주 등	나고야와 인근 지역의 목사·장로·신도 등 중심 경북 출신이 다수	기독교 포교라는 합법 공간을 활용해 민족의식 및 자주 자립 정신 함양 일제 국력 피폐의 호기에 민중봉기, **여운형** 추대하여 민족의식 앙양 논의	『재일조선인관계자료집성』 5; 『소화특고탄압사』 8; 『독립운동사』 3·9; 『독립운동사자료집』 5·13; 「야마구치지방재판소판결문」 (1945.8.21)

명칭	시기	지역	관련 인물	구성 및 조직	취지 및 활동	참고문헌
'평북 광산의 비밀결사'	1941~?	평북 희천	鶴山明和(姜致?)·강성경 등 40명	평북 희천의 金仙광산 등, **여운형** 및 정모(정백?)의 지도	광산에서 직접 무기·탄약 제작, 광산 내에 집합소 마련, 관공서 폭파 및 대관 암살 계획, 단원 모집 활동, 각지 단체와 연결하여 군사령부 및 관청 폭파, 혁명행진곡·무궁화 음악 등 자작, **여운형** 등 지도자를 구하러 서울·부산 등지 방문	『鮮内檢事局情報』(1943); 『한국민족해방운동사자료집』 7
청운회 (清雲會)	1943.5~10	서울	차익환·김순호·김세제·장시규·박제정 등 경복중학생	차익환은 진해 제51항공창 군속이 되어 활동 계속(이후 김장용과 건국동맹 활동)	일제패망 대비 주례 독서모임, **여운형**을 찾아가 상의, 징병 기피하여 취업 후 횡연연대와 동지규합 지시받음	『진해 지역의 항일독립운동사』(황정덕); 『민족』 21(2002.5); 『독립운동가의 삶과 회상』 3(김장용)
(무명)	1943~1944	서울	김중일·정문규(유한제약 근무)·최승우(욱동산업 총무과장)·이창기(광신공업학교 교사)·오상흠(유한제약 약제사) 등	조직 결성의 구상 (70~80명의 동지 획득) 수령 파괴부: 파괴반·암살반·선전반 건설부: 법경반·문학반·정법반	충칭의 임시정부에 들어가려고 수차례 시도, 임정 관련 전단지 작성해 전신주에 부착, 주요 공장·은행 등 파괴 계획, 한상룡·윤치호·이광수·조병상 등 친일인사 살해, 폭동 유발을 위한 격문 작성 살포 기획, 징용 반대 격문 준비, **여운형** 일파가 평양에서 고관암살과 공장폭파를 계획 중이라며 유한제약회사에서 약품 절취	「경성지법 판결문」(1945.7.13); 『공훈록』

명칭	시기	지역	관련 인물	구성 및 조직	취지 및 활동	참고문헌
조선회복연구단, 조선독립회복연구단	1943.10~1945.3	경북 안동	윤동일·황병기·이갑룡·권영동·고재하·서정인·손성한(옥사)·장병하 등 안동농림학교 학생과 교사 56명	참모부·교화부·연락부·신풍부·특공부·의무부·대외연락부 등 7개 부서와 요인암살을 위한 별동대 조직, 여운형의 건국동맹과 연결	동지규합, 일제관헌기관 파괴, 요인 암살, 군사훈련, 항일의식 고취, 조선독립, 1945.3 일본 육군기념일 총궐기 계획	『안동농림60년』; 『대구경북항일운동사』; 『안동의 독립운동사』(김희곤); 『독립유공자구술자료집』 1(장병하)
산악대 (山岳隊)	1944~1945	설악산 등 산악 지역	이혁기 등 학병·징용·징병 탈출자 및 거부자 중심	여운형의 건국동맹과 관계, 8·15 이후 국군준비대의 모체	무장독립에 대비해 산속에서 군사훈련	『조선해방1년사』; 『해방일보』

〈표 2〉에서 보듯이 당시 여운형이 국내외의 조선 청년들에게 영향을 미치는 형태는 다양했다(이하 사례들은 변은진 2018 참고해 정리했음). 상록회常綠會 운동으로 널리 알려진 공립 춘천중학교 독서회의 경우를 보자. 이 학교에서 상록회 회원들이 검거되어 한 차례 조직이 와해된 후 다시 독서회가 결성된 데에는, 상록회의 영향뿐만 아니라 당시 국내 청년 학생들 사이에서 상당한 명성을 얻고 있던 여운형의 영향도 컸다.

당시 춘천에는 여운형의 독립운동을 후원하던 이임수李林洙라는 의사가 살고 있었고, 그의 아들이 바로 독서회 성원인 이란이었다. 이란을 중심으로 한 학생들은 1940년 겨울까지도 위의 비밀독서회를 유지하고 있었다. 이들은 여운형이 이임수의 집을 방문했을 때 또는 직접 서울의 여운형 집을 찾아가서 당시의 국제정세나 해외 독립운동 상황 소식을 듣기도 했다. 춘천중학교의 이 조직은 상록회처럼 정식으로 체계를 갖추었던 것은 아니지만, 독서회 형태의 결사를 꾸려 일정 기간 활동했고 졸업 후에는 만주로 가서 '김일성부대'에 합류하려는 계획을 세우고 있다는 점에서 이 시기 청년 학생이 중심이 된 항일비밀결사운동의 일반적 성격을 잘 보여준다.

춘천공립중학교 독서회원들은 새 교련교관으로 일본인 순사부장 출신 오마치大町가 부임하여 노골적으로 조선인 학생들에 대한 민족차별적 언행을 높이자 그의 관사에 돌을 던지거나 군사훈련을 교묘히 이용해 일본인 학생들을 구타하는 등 일상적으로 저항했다. 그러던 중 이러한 일이 발단이 되어 1941년 3월에 독서회 성원을 중심으로 한 28명의 학생들이 검거되었다. 당시 일제 경찰은 이들과 여운형의 관계를 구실삼아 그 배후를 수사한다면서 학생들에게 심한 고문과 폭행을 가했고, 12명이 실형을 선고받았다. 당시 경찰의 고문이 얼마나 심했던지 학생들 가운데 이광훈李光勳과 고웅주高雄柱는 겨우 열일곱의 나이에 옥사獄死하고 말았다. 춘천중학교 동문들 사이에서는 이 '독서회 사건'을 '제2차 상록회운동'이라고 부른다.

여운형과 관련된 또 다른 학생 중심의 비밀결사운동의 대표 사례로서 경북 안동의 조선회복연구단을 들 수 있다. 이 조직은 1943년 10월 권영동權寧東·고재하高在夏·서정인徐正寅·손성한孫聖漢 등 안동농림학교 8기생의 주도로 결성되었다. 계속되는 학생근로동원에 불만을 품고 있던 이들은 그해 7월 24일 근로동원을 나갔을 때 처음 독립운동 문제를 논의했다고 한다. 또한 이들은 손명술孫明述의 집에 모여 임시정부에서 보내는 방송을 들으면서 제2차 세계대전에서 연합군이 승리를 거둘 것이라는 확신을 얻게 되어, 일본군에 끌려가 죽느니 차라리 조선 민족을 위해 싸우다 죽자고 결의했다.

그리고 그 구체적인 방안으로 비밀결사 '조선회복연구단'을 조직하기로 하고, 여름방학이 끝난 후부터 주로 서정인의 집에 모여 준비 활동을 해나갔다. 8~10기생들이 다수 참여했으며, 김광현·백태성·이주현·정현모 등 다른 학교의 기독교 계통 학생들도 조직에 가담했다. 결사 내부에 참모부·교화부·연락부·신풍부·특공부·의무부·대외연락부 등 7개 부서를 설치했으며, 요인 암살을 위한 별동대도 만들었다. 그리고는 당시 비밀리에 전국적인 조직망을 구축해가고 있던 여운형의 조선건국동맹과도 연결하여 활동했다고 한다. 조선회복연구단에서도 건국동맹과 마찬가지로 일제의 기관 파괴와 요인 암살, 군사훈련 등을 모색했다.

여운형과 소규모 비밀결사운동과의 관계는 비단 학생조직에만 국한된 것은 아니었다. 〈표 2〉에서 보듯이 1940년대 들어 여러 방법으로 무장독립을 준비하던 청년들의 결사조직에서도 여운형을 거론하는 경우가 많았다. 광산을 끼고 직접 무기를 제조하는 등 더 직접적으로 무장봉기를 준비한 사례로서, 여운형을 지도자로 표방하면서 표면상으로는 평북 희천군熙川郡에서 금선광산金仙鑛山 등을 운영하던 비밀그룹이 있었다. 이들이 실제 여운형과 조직적 관련을 맺고 있었는지는 알 수 없다. 이들은 적어도 1941년경부터는 구체적으로 무장투쟁 준비를 했던 듯한데, 단원 30~40명 정도가 경찰의 주시를 피하여 광산 내에 집합소를 갖추고 무기와 탄약을 제조했다. 또 전국 각지를 돌아다니면서 단원을 모집하여 "단원이 조직되면 국내 각지에 있는 독립단체와 밀접히 연락을 취해 군 사령부 및 제 관청을 폭파하여 일거에 독립의 목적을 달성"하려고 준비했다(「해주지법판결문」 1943년 2월). 태평양전쟁이 일어나기 이전부터 본격적으로 이러한 무장봉기 준비 활동을 전개하고 있었음이 주목된다.

평소 민족주의적 의식을 지니고 있던 전북 출신의 송정섭宋正燮·김병화金炳化(연탄상 사무원)·조남헌趙南憲(회사원)·조세경趙世庚(농업) 등의 그룹에서는 "조선은 우리 청년의 손으로 되찾아야 한다"면서 임시정부와 김일성군金日成軍, 국내의 여운형 등이 기회가 오면 서로 호응해 봉기할 것이므로 그때까지는 실력을 양성하는 게 필요하다고 논의했다. 또 서울 경복중학교 학생들을 중심으로 조직되어 군속 등이 된 후에도 활동을 계속한 청운회淸雲會에서는 징병을 앞두고 여운형을 찾아가 상의하는 모습을 보였다. 여운형은 이들에게 징병을 거부하여 군속軍屬 등으로 징용된 후 각 지역에서 서로 횡적으로 연대하면서 동지를 규합하는 게 좋다는 의견을 제시했다고 한다. 나중에 진해 항공창航空廠에서 군속으로 근무했던 차익환車益煥·김장룡金章龍 등은 여운형이 조직한 건국동맹 활동으로까지 이어졌다.

한편 징병·징용·학병 거부자들이 중심이 되어 설악산·금강산·백운산 등 산악지대에서 군사훈련을 하면서 독립과 건국을 준비하던 결사들도 직간접적으로 여운형과 연결되어 있는 경우가 많았다. 이 산악지대에는 일제 패망이 가까워질수록 징병·징용·학병 거부자들이 다수 모여들었고, 그래서 이들을 조직화하여 무장봉기를 준비하려는 항일비밀결사들의 주요한 근거지가 되는 경우가 많았다. 특히 여운형을 중심으로 조선건국동맹이 결성되고 이와 관련을 맺고 농민동맹이나 군사위원회가 조직되는 1944년 이후 이러한 현상은 전국적으로 확대되어갔다. 예를 들어 8·15 이후 조선국군준비대의 모체라고 알려져 있는 산악대山岳

隊 역시 여운형 중심의 건국동맹과 관계를 맺고 활동했다. 이 산악대를 이끌었던 이혁기李赫基가 8·15 이후 조선국군준비대의 총사령을 맡았다.

또한 이 시기 건국동맹 다음으로 규모가 컸던 비밀결사 조선민족해방협동당朝鮮民族解放協働黨의 경우, 경기도 포천의 백운산을 중심으로 산악대를 꾸려 군사훈련을 실시했다. 비밀유지 때문에 건국동맹과 조직적으로 결합하지는 않았지만 그 당수인 김종백金宗伯과 여운형이 몇 차례 만나는 등 활동 면에서는 서로 연계할 수 있는 기반을 마련했다. 이 때문에 훗날 여러 기록에서 "여운형 씨 계열에서 포천에서 김화로 넘어가는 고개에다 아지트를 만들어 청년을 훈련시키고 있었는데 운경 스님이 그곳에 식량을 대주었다"고 했는데(선우도량 2002, 161~167쪽), 이처럼 협동당을 여운형 계열, 즉 건국동맹으로 잘못 보는 경우가 생겼다.

이 시기에 적극적인 항일운동을 꿈꾸던 청년들이 이러한 움직임을 보인 배경에는 다음과 같은 인식이 자리하고 있었다. 이들은 대체로 과거 조선의 독립운동은 '실패'하여 현재와 같은 상황에 처하게 되었다고 판단하고 있었다. 그러므로 일제 패망과 조선 독립의 가능성이 커진 당대에는 과거와 같은 실패의 전철을 밟지 않아야 한다고 생각했다. 실패의 원인에 대해서는 주로 조선인의 단결과 운동의 통일성 문제, 과거에는 독립을 쟁취할 수 있는 시기가 아니었다는 점, "조선에 인물이 없었기 때문"이라고 인식했다. 특히 '인물'이 없다는 부분에서 이들은 인도의 간디와 같은 지도자가 조선에는 부족하다고 생각했고, 그래서 당대에 민족의 지도자가 될 만한 '영웅'의 출현을 희구했다.

물론 조선에 민족운동을 지도할 만한 인물이 있느냐 없느냐 하는 문제는 보는 관점에 따라 달랐다. 예를 들어 위에서 언급했던 전주의 조세경·송정섭 등이 1940년 3월 모임에서 이 문제에 대해 논쟁을 벌였는데, 먼저 조세경이 "현재 조선에는 독립운동의 선두에 일어나 대중을 지도할 수 있는 인물이 부족하다"라고 하자, 송정섭은 다음과 같이 반박했다(『일제하사회운동사자료집』 11, 533~534쪽).

> 아니다. 현재 일본 관헌의 탄압으로 표면에 나서지 못해도 경성의 여운형을 비롯해 쟁쟁한 민족주의자가 있고, 또 국외에는 상해에 한국임시정부가 활동하고 게다가 만주에는 김일성 등이 조선 독립의 기회를 엿보고 있고, 조선 내에도 이를 바라는 동지가 다수 있어서 기회만 도래하면 내외가 서로 호응하여 봉기할 것이다.

이와 같이 여운형은 일제 말 청년들이 조선의 독립과 건국을 이끌어 갈 민족적 영웅의 출현을 희망하고 있던 상황에서 국내에서는 거의 유일하게 대중적 인지도가 높고 신망을 받고 있던 인물이었다. 이러한 인식과 기대가 바탕이 되어 여운형은 1944년 8월 10일 조선건국동맹을 조직할 수 있었다. 또 8·15 직후 국외 항일운동 세력이 귀국하기 전에 국내에서 건국운동의 선두에 설 수 있었다. 1945년 8월 15일 당일 조선건국준비위원회를 조직하여 국내의 치안과 직접적인 건국준비 등을 담당한 데 대해 이 시기 민중들 사이에서 어느 정도 대중적 합의가 이루어질 수 있었던 배경은 바로 1930~1940년대 여운형의 국내 활동과 그에 대한 기대 및 신뢰의 상승에 있었다.

조선건국동맹 결성과 건국준비운동

1942년 12월 이른바 '유언비어 유포죄'로 피체되었다가 1943년 7월 집행유예를 받고 풀려난 후 여운형은 이제 일제의 패망이 임박했음을 확신했다. 잠시 경성요양원에서 건강을 돌보면서 감옥에서부터 구상해오던, 일제 패망 시 자주독립의 쟁취와 새로운 국가건설을 준비하는 통일전선 성격의 비밀결사를 조직하는 일에 착수했다. 이기석李基錫·김태준金台俊 등과 인민전선 문제를 논의하고 소규모 공산주의결사인 「'자유와 독립」 그룹'이나 '공산주의자협의회'에도 건국동맹 조직을 제의하면서 각지의 비합법 그룹들을 결집해갔다. 그리하여 1943년 8월 조동호 등의 병문안 방문을 계기로, 그 예비조직에 해당되는 '조선민족해방연맹'을 결성했으며, 1년 정도의 준비를 거친 후 1944년 8월 10일 '조선건국동맹'이라는 비밀결사를 조직했다.

8·15 직전 소규모 공산주의자그룹이나 비밀결사와 연계하여 전국적인 통일전선체를 지향하면서 독립과 건국을 준비한 대표적인 조직이 바로 여운형 중심의 조선건국동맹이었다. 수많은 청년 학생들이 일제의 전쟁에 목숨을 내놓아야 하는 상황에 몰리면서, '결정적 시기 민중의 무장봉기'를 준비하는 조직들이 국내와 일본 내에서 소규모 비밀결사 형태로 다수 존재했다. 건국동맹은 이 시기 비밀결사들 가운데 가장 규모가 크고 실천적인 조직으로서, 이 소규모 비밀결사들과 연계하고 국외 무장독립운동세력과도 조직적인 연결을 시도했던 거의 유일한 조직이었다. 즉 건국동맹은 당시 국내외에서 청년 학생들 중심으로 결성되거나

시도되었던 수많은 소규모 항일비밀결사운동을 직간접적으로 아우르는 위상과 의미도 있었다. 건국동맹 역시 일제가 패망하는 결정적 시기에 국외 항일무장부대의 진격에 국내 민중들이 호응하여 무장봉기를 일으켜 일제의 권력을 타도한다는, 당시 국내외 항일독립운동 진영에서 일반화된 전술에 입각해 활동을 전개했다.

여운형은 ① 일본을 방문하면서 보고 들은 정보, ② 중국의 옌안·베이징·만주 등지에 나가 있던 동지 이영선李永善·최근우崔謹愚·박승환朴承煥 등이 보내온 정보, ③ 충칭·미주의 단파방송 청취를 통해 얻은 정보 등을 통해 일제의 패망을 확신할 수 있었다. 이러한 정보들과 1930년대에 언론·스포츠계에 종사하면서 얻은 대중적 신뢰를 바탕으로, 여운형은 독립과 이후의 국가 건설을 본격적으로 준비하기 위해 1944년 8월 10일 건국동맹을 조직했다. 결성 당일 참가자는 여운형을 비롯해 현우현玄又玄·조동호·김진우金振宇·이석구李錫玖 등 주로 노장층이었지만, 조직을 확대하고 구체적으로 무장봉기를 통한 독립과 건국을 준비한 층은 주로 지원병·징병·학병·징용의 대상이 되었던 청년 학생층이었다.

건국동맹은 1944년 10월 "① 각인 각파를 대동단결하여 거국일치로 일본제국주의 제 세력을 구축하고 조선 민족의 자유와 독립을 회복할 것, ② 반추축 제국과 협력하여 대일연합전선을 형성하고 조선의 완전한 독립을 저해하는 일체 반동세력을 박멸할 것, ③ 건설 부면에서 일체의 시위施爲를 민주주의적 원칙에 의거하고 특히 노농대중의 해방에 치중할 것"을 강령으로 내걸었다. 또 건국동맹은 '불문不文·불언不言·불명不名' 등 3불不을 철칙으로 하여 철저히 비밀을 유지했다.

건국동맹이 결성된 경운동 삼광한의원 현우현 집에서의 모임(기념사업회 소장)
8·15 직후 촬영한 것으로 추정된다.

건국동맹이라는 비밀결사의 명칭 자체가 이 조직의 정세관과 목표를 분명히 보여준다. 일제의 패망을 기정사실화하고 그 초점을 새로운 국가의 건설로 확장해 본격적인 준비를 진행하기 위해서였다. 이를 위해 먼저 국외의 무장부대가 국내로 진격할 것에 대비해 국내에서 민중봉기가 가능하도록 훈련하고 엄혹한 비합법 정세에서 흩어져 있는 소규모 결사들의 역량을 가능한 결집할 필요가 있었다. 그리고 국내외가 함께 '결정적 시기'에 대비할 수 있도록 국외 항일운동세력과 연계해야 했다.

건국동맹은 지방조직 외에도 경기도 용문산 일대를 중심으로 농민동맹을 조직했다. 1944년 10월 8일 조직된 농민동맹에는 여운형을 비롯하여 김용기金容基·이장호李章浩 등을 비롯해 양주·양평·여주·고양·홍천 등 경기도 일대의 인사들이 다수 참가했다. 농민동맹은 투쟁 방법으로, ① 징용과 징병 실시의 방해, 민심 선동 및 교란 등을 목적으로 각종 서류와 호적부가 비치된 재판소 및 각 지방 관공서에 방화하고, ② 일반 민심을 선동하여 각 지방에서 반일투쟁을 전개하고, ③ 전쟁용 물자 수송을 방해하기 위해 정보를 듣는 대로 철도를 파괴하고, ④ 징병·징용자 및 투사를 도피시키고 그들이 반일운동에서 활동하도록 할 것 등을 정했다.

한편 건국동맹은 지리산의 보광당普光黨, 포천의 조선민족해방협동당, 설악산의 산악대 등과 연계해 학병·징병·징용 거부자들을 조직화하여 각종 후방교란 활동을 전개했다. 또 징용·징병 거부 선전과 거부자에 대한 은신처 제공, 공출 반대 등을 벌였고 반일애국사상을 전파하기 위한 초보적인 선전활동을 전개했다. 일제의 전력戰力을 파괴하기 위한 전술로 징용 도피 선전, 징병 방해, 공장의 태업, 군사시설의 파괴 등의 방식을 취했다. 그뿐만 아니라 위 비밀결사들과 함께 일제 관공서·주재소 등을 습격·파괴하고 악질 경관·형사·밀정들에게 테러를 가하는 등 폭력투쟁도 전개했다. 이러한 활동은 이 시기 소규모 비밀결사운동에서 보이는 일반적인 방침들을 더 구체적으로 실현하고 있었다. 즉 일제 패망이 가까워질수록 파괴·폭동·방화 등의 활동을 통한 후방교란과 국내 민중봉기 준비가 일반화해갔음을 보여준다.

건국동맹의 국가 건설 구상을 보면, 결성 직후에는 '결정적 시기 무장봉기' 전술로써 독립을 쟁취하고 곧바로 이에 기초하여 '혁명적 임시정부, 통일전선적 임시정부'를 수립하는 방안을 구상했다. 자주적인 국가 건설을 위해 일제 패망과 조선 독립의 순간에 전국대표자대회를 소집해 "광범한 국내 혁명 세력으로 구성된 임시정부를 수립한 후 귀국하는 국외 혁명 세력들을 참여시켜 정부를 확대·강화시키는 구상"을 계획하고 있었던 것이다. 이 정부는 인민들에게서 주권을 위임받기 위해 '총선거'를 거친 정식 정부가 아니라 과도정부의 성격으로 생각했다. 즉 일제 권력을 몰아낸 후 "총선거를 통해 합법적 정통성을 지닌 공화제 정부를 수립하기 위한 과도기 정치 일정을 주도"하려 했던 것이다(장원석 2012, 224~228쪽).

요컨대 건국동맹을 중심으로 한 이 시기 국내 독립운동 세력의 자주적인 신국가 건설 경로의 구상은, '일제 패망의 순간에 전국대표자대회 소집 → 광범위한 혁명 세력으로 구성된 임시정부 수립(이후 확대, 강화) → 총선거를 통해 정식으로 공화제 정부 수립' 순으로 계획·준비되고 있었다. 그리고 건국동맹은 이 과정의 과도기 일정을 주도하려 했던 조직이었다.

이러한 구상에 따라 건국동맹은 연합국의 승전과 일제 패망이 확실해지던 1945년 3월 '공산주의자협의회', '화요파 그룹(일명 조동호 그룹)' 등과 함께 국내의 무장봉기를 지도하기 위해 '군사위원회'를 조직하고 노농군勞農軍을 편성할 계획을 세웠다. 건국동맹은 군사 문제 대책과 관련하여 대체로 세 가지 방향에서 준비 작업을 시도했다. 첫째는 공산주의자들과 군사위원회를 설치해 노농군을 편성하는 방안, 둘째는 만주군관학교를 중심으로 한 만군滿軍 조직을 활용하는 방안, 셋째는 옌안의 조선의용군, 충칭의 한국광복군 등 해외 항일무장 세력과 연합작전을 시도하는 방안이었다.

군사위원회는 맹원인 조동호·이석구·이걸소 3인과 공산주의자 최원택崔元澤·정재달鄭在達·이승엽李承燁 3인이 국내 무장봉기와 철도 파괴 등을 통한 일본군의 후방교란을 목적으로 조직했다. 또 경기·황해도의 경인지구와 강원도 중심의 삼척지구에 책임자를 파견했으며, 대구·부산·목포·흥남·청진·평양·진남포 등지로 조직을 확대하려고 노력했다. 특히 만주군관학교 출신의 항공장교 박승환을 중심으로 만군 내 조선인을 포섭하여 조선의용군의 국내진공작전을 유도하려 했다. 박승환은 항공병을 핑계로 1944년 1월과 1945년 2월, 8월 등 세 차례 이상 국내에 들어와 여운형과 군사 문제를 토의했다. 또 일본군 조병창造兵廠을 습격해 무기를 확보할 계획도 세웠다(정병준 2009, 161~162쪽).

한편 건국동맹은 국외 민족운동전선과 통일전선을 모색하기 위해 각지에 연락원을 파견했다. 중국 옌안 조선독립동맹의 김무정金武亭과 만나려고 김태준을 파견했으며 충칭의 임시정부와도 연계하려 했다. 최근우·이영선·이상백·박승환·엄태섭嚴太燮 등이 연락원으로 활동했는데, 먼저 독립동맹과 연결이 되었다. 옌안의 조선독립동맹은 건국동맹이 정식으로 결성되기 전인 1944년 6월부터 여운형과 접촉했다. 이후 건국동맹과 독립동맹의 연락은 최소한 14차례 이상 있었다고 한다(정병준 2009, 310쪽). 독립동맹과의 통일전선 계획에는 군대 편제, 유격대 조직, 국내진공을 위해 조선의용군 사령관 김무정과 연락, 유격대 진공 시 은신처 및 식량 제공 등이 포함되어 있었다. 또 1945년 8월 29일 국치기념일에 중국 옌안에서 '조선민족대회'를 개최하기로 합의하고 대표로 김명시金命時·이영선 등을 파견하기도 했다.

임시정부와의 접촉은 여러 차례 시도했으나 교통 등 현실적 여건으로 성공하지는 못했다. 직접적 연락은 없었어도 소식은 끊이지 않았다고 할 정도로 여운형은 임시정부의 동향에도 큰 관심을 갖고 있었다. 그뿐만 아니라 건국동맹에서는 일제의 대토벌을 피해 일제 말에는 소련 극동지방에 주둔해 있던 만주의 항일무장부대와의 연락도 시도했으나 성사되지는 못했다.

통일민족국가 건설을
위해 노력하다

8·15 전후 정세의 변화와 통치권 이양

1945년 5월 7일 독일의 무조건 항복 선언으로 유럽에서의 전쟁은 끝이 났지만, 일본은 태평양전선에서 미국에 계속 밀리고 있는 상황에서도 여전히 중국과 동남아시아 각지에서 전쟁을 지속하면서 버티고 있었다. 그해 2월 얄타회담Yalta Conference에서 미국이 소련의 대일對日 참전을 약속받았던 것도 일본과의 전쟁이 쉽게 끝나지 않으리라는 예상 때문이었다. 미국은 소련의 참전에 따른 보상을 최소화하기 위해 그해 8월 6일 히로시마廣島에, 9일 나가사키에 각각 원자폭탄을 투하했다.

또 소련은 8월 8일 밤 일본에 선전포고를 하고 9일 새벽에 한반도로 들어왔다. 소련군의 신속한 한반도 진공으로 당황한 일본은 소련군이 일본 본토로 건너오기 전에 한반도 내에서 전쟁을 종결시키기 위해 서

둘러 연합군 측에 항복 의사를 전달했다. 그리고 8월 15일 일본 국왕은 라디오 방송을 통해 이 사실을 내외의 국민에게 알렸다.

　일제가 패망하는 결정적 시기에 국외의 독립운동 세력이 국내로 진공하면 민중들이 이에 합세하여 무장봉기를 통해 자주적으로 독립을 쟁취하겠다는 독립 방략은, 일제강점기 국내외 항일운동세력이 취할 수 있는 최선의 방책이었다. 하지만 8·15 직전에 조성되어간 정세는 예상과 달리 빠르게 전개되었다. 미국의 원자폭탄 투하와 소련군의 참전으로 일본은 예상보다 빨리 항복했으며, 항복 즉시 총독부의 통치권은 조선인에게 이양될 수 있으리라 전망되었다. 따라서 국내에서 건국동맹을 이끌던 여운형은 1945년 8월 초의 시점에서 판단할 때 굳이 수많은 희생이 따르는 무장봉기를 통해 통치권을 탈취하지 않고도 곧바로 임시정부를 수립하여 연합국의 승인을 받는 게 가능하다고 보았던 것 같다.

　한편 상황이 이렇게 급속히 전개되자 당황한 것은 조선총독부도 마찬가지였다. 이미 일본의 항복이 기정사실이 되던 2개월 전쯤부터 총독부는 조선 재류 일본인뿐만 아니라 중국에서 내려오는 일본 군인과 피난민이 안전하게 귀국할 수 있는 방법을 모색하기 시작했다. 그 결과 조선인의 신임을 받는 명망가에게 자국민의 안전과 무사 귀환을 담보로 치안권과 행정권 일부를 넘겨주는 방안을 강구해놓고 그 적임자를 물색하고 있었다. 당시 총독부 측에서 물망에 올린 인물은 동아일보사의 송진우, 조선일보사의 안재홍安在鴻, 조선중앙일보사의 여운형이었다. 그러던 중 갑자기 상황이 급속도로 전개되자 총독부는 조선인의 신뢰와 지지를 받으면서 과격한 대중적 분출을 방지하며 치안의 안정화를 확보할 수 있는 인물, 또 미국뿐만 아니라 소련 측에도 거부감이 없을 만한 인물로서, 최종적으로 여운형을 교섭 상대로 선택했다.

여운형 역시 위에서 설명한 바와 같이 급격한 정세 변화를 예의주시하면서 '결정적 시기 무장봉기'가 아닌 또 다른 선택을 고려하고 있었기 때문에, 총독부에게서 치안권과 행정권 일부를 넘겨받는 데 동의했다. 사실 40년간 식민지 조선의 실질적인 통치권자인 일본이 물러가는 상황에서 '치안의 안정'이라는 문제는, 자국민의 무사 귀환이 절실했던 일본 측만이 아니라 조선 사회 내부의 안정을 위해서도 꼭 필요한 과제였다. 송진우나 안재홍과 달리 여운형은 대중적 지지 기반이 있었고 건국동맹이라는 조직적 기반도 등에 업고 있었기에, 어느 정도 자신감을 갖고 이러한 판단과 선택을 할 수 있었을 것이다. 이렇게 서로의 이해관계가 맞물린 가운데, 1945년 8월 15일 아침 여운형과 총독부 정무총감 엔도 류사쿠遠藤隆作의 면담 협상이 진행되었다. 자료마다 조금씩 차이는 있지만, 여운형이 미리 준비해두었다가 그 자리에서 제시했다고 알려져 있는 5개의 요구사항은 다음과 같다(이만규 1946, 188쪽).

① 전 조선의 정치범·경제범을 즉시 석방하라
② 집단생활지인 서울의 식량 8~10월 3개월분을 확보하라
③ 치안유지와 건설 사업에 아무 구속과 간섭을 말라
④ 조선에 있어서 추진력이 되는 학생의 훈련과 청년의 조직에 간섭을 말라
⑤ 전 조선에 있는 각 사업장의 노동자들을 우리 건설 사업에 협력시키며 아무런 괴로움을 주지 말라

1945년 8월 15일 아침 여운형과 엔도가 회담한 정무총감 관저(현 한국의 집)

당시 엔도 정무총감 측에서 여운형에게 상황을 설명한 내용과 요구한 사항을 정리해보면 다음과 같다(김영택 2007, 437~438쪽).

① 일본의 항복
② 소련군의 입경入境
③ 정치범 석방
④ 양 민족의 충돌 방지와 치안유지 협조, 일본인의 무사 귀환
⑤ 치안유지에 필요한 경찰관 지휘권 인양
⑥ 식량 문제 해결
⑦ 경찰서·유치장·형무소의 정치범 석방

⑧ 집회의 자유 보장

　위 내용을 보면 사실상 일본 측에서 요구한 사항은 '치안유지와 일본인의 무사 귀환'이라는 한 가지에 집중되어 있으며, 나머지는 객관적인 상황 설명과 여운형의 요구에 대한 수락의 내용이라고 볼 수 있다. 당시 아베 총독은 여운형의 5개 조항을 승인하지 않으려 했으나 엔도 총감이 이 방법밖에 없다면서 설득하여 결국 승인되었다고 한다.

　그런데 달라진 정세하에서 마지막 순간에 여운형이 '무장봉기를 통한 독립의 쟁취'가 아니라 '통치권 이양을 통한 임시정부 수립'의 길을 택했던 데에는, 기본적으로 당시 연합군 측에서도 조선인의 자주적인 통치권을 인정할 것이라는 예상이 깔려 있었다. 따라서 여운형은 미리 연합국에 제시할 조건, 즉 해방된 조선의 정치·경제적 권리를 주장하는 내용을 마련해두었다. 그 주요 내용은, 해방은 연합국의 전승의 결과이면서 동시에 조선인 민족해방투쟁의 결과이므로 조선인이 과도기 치안을 유지하고 자치정부를 수립할 권리를 가지고 있다는 것, 그러므로 연합국은 내정간섭을 말고 엄정 중립을 지켜야 하며, 경제적으로는 조선 내 일본인 소유의 산업시설은 조선인의 재산이므로 적산敵産으로 처리해서는 안 된다는 것 등이었다.

　하지만 주지하다시피 실제 드러난 현실은, 38도선 이북에 진주한 소련군은 이를 인정했지만 38도선 이남에 진주한 미군이 인정하지 않는 양상으로 흘러갔다. 게다가 국외 독립운동세력은 곧바로 귀국할 수 없는 상황이 연출되었다. 일제 패망과 함께 한반도에 조성될 정세에 대한 낙관론적인 전망 특히 미국에 대한 일정한 기대는, 아무리 국제정세에 능하고 상황을 한 발짝 앞서 판단하는 눈을 가진 여운형 같은 인물이라도 8·15라는 시점에서 완전히 비껴갈 수 없었던 것 같다.

하지만 8·15 직전 '엔도와의 회담을 통한 권력 이양과 건국준비위원회 결성'이라는 여운형의 선택은, 건국동맹 시기 구상했던 '혁명적 임시정부'를 통한 직접적인 권력 장악의 실현이 어려운 상황에서 추진한 차선적인 노력으로서 의미가 있다.

건국준비위원회를 통한 자치행정의 개시

1945년 8월 15일 아침 총독부에게서 치안권 등을 이양받은 여운형은 곧바로 건국준비위원회 조직에 착수했다. 그는 건국동맹원들과 함께 감옥에서 풀려난 독립운동가들을 맞이하고 건국준비위원회를 조직하는 등으로 분주한 나날을 보냈다. 8월 15~16일 이틀 동안 전국에서 1,000여 명이 넘는 '정치범'이 석방되었으며, 이들은 건국준비위원회 지부 등 다양한 자치조직에 참가하여 활동했다.

1945년 8월 16일 드디어 해방을 실감하게 된 수천 명의 군중이 계동桂洞 여운형의 집 뒤에 있는 휘문중학교로 모여들었다. 이들의 요청으로 연단에 오른 여운형은 다음과 같이 해방의 감격을 알리는 연설을 했다(이만규 1946, 192쪽). 여운형의 연설이 끝난 후 비로소 서울의 거리는 해방의 감격을 만끽하는 군중들로 넘쳐났다.

우리 민족해방의 제일보를 내딛게 되었으니, 우리가 지난날의 아프고 쓰라리던 것은 이 자리에서 다 잊어버리고 이 땅에다 합리적이고 이상적인 낙원을 건설하여야 한다. 이때는 개인의 영웅주의는 단연 없애버리고 끝까지 집단적으로 일사불란의 단결로 나아가자! 머지않아 연합군 군대가 입성할 터이며, 그들이 오면 우리 민족의 모양을 그대로 보게 될 터이니 우리의 태도는 조금도 부끄러움이 없이 하자. 세계 각국은 우리를 주목할 것이다. 우리는 백기를 든 일본인의 심흉心胸을 잘 살피자. 물론 우리는 통쾌한 마음을 금할 수가 없다. 그러나 그들에 대하여 우리의 아량을 보이자. 세계문화 건설에 백두산 밑에서 자라난 우리 민족의 힘을 바치자. 이미 대학·전문·중학생의 경비대원이 배치되었다. 이제 곧 여러 곳으로부터 훌륭한 지도자가 들어오게 될 터이니 그들이 올 때까지 우리의 힘은 적으나마 서로 협력하지 않으면 안 될 것이다.

한편 건국준비위원회 부위원장 안재홍은 8월 16일 방송을 통해 정규군의 편성, 행정 접수와 친일파 관료 문제, 일본인 재산 문제 등을 언급함으로써 건국준비위원회의 활동이 치안유지와 민족국가 건설을 위한 예비 활동이라 밝혔다. 그리고 다음과 같은 강령을 내걸었는데, 8·15 이전 건국동맹의 강령을 그대로 계승한 내용이었다(정병준 1995, 121쪽).

① 우리는 완전한 독립국가의 건설을 기함
② 우리는 전 민족의 정치적·사회적 기본 요구를 실현할 수 있는 민주주의 정권의 수립을 기함

1945년 8월 16일 연설을 하기 위해 휘문중학교로 들어가는 여운형(기념사업회 소장)

1945년 8월 16일 휘문중학교 연설 장면
(기념사업회 소장)

③ 우리는 일시적 과도기에 있어서 국내 질서를 자주적으로 유지하며 대중생활의 확보를 기함

건국준비위원회는 당면 임무를 "완전한 독립과 진정한 민주주의 확립"에 두었으며, 스스로를 국가 건설의 준비기관이자 진보적 민주주의 세력을 결집하기 위한 '개방된 통일기관'이라고 규정했다. 말하자면 민족국가 건설의 과정이 그 예비단계에서부터 하나의 세력이 아니라 여러 세력의 통합으로 준비되어야 한다고 제시했던 것이다.

건국준비위원회의 위원장은 여운형이, 부위원장은 안재홍이 맡았다. 중앙기구의 부서에 참여한 인물을 보면, 조선공산당원에서부터 한국민주당원에 이르기까지 스펙트럼이 매우 넓었다. 또 그 산하에 치안대와 식량대책위원회를 두어 8·15 직후 각지에서 자발적으로 결성된 조직들을 지부로 흡수했다. 치안대는 단순한 치안유지만이 아니라 식민통치기구를 접수하기 위한 활동도 전개했다. 식량대책위원회는 공출과 배급으로 이루어진 일제 말기의 식량수급구조가 갑자기 와해되면서 발생할 수 있는 식량 부족에 대비하기 위한 활동을 했다.

위원장 여운형을 중심으로 한 건국준비위원회는 불과 보름 만에 전국에 145개 지부를 두기에 이르렀다. 그리고 이를 통해 초보적인 자치행정을 실시함으로써 과도기의 혼란을 방지하고 국가 건설을 위한 본격적인 준비 작업에 매진했다. 이는 여운형에 대한 조선 민중의 신뢰와 더불어 일제 패망 직전부터 건국동맹을 통해 미리 준비해왔기에 가능한 일이었다. 여운형은 건국준비위원회가 향후 수립될 정부의 준비기관이자

중심 모체의 역할을 담당하도록 하고, 이전의 건국동맹은 별도의 정당 조직으로 발전시킬 구상을 가지고 있었던 것으로 보인다.

조선인민공화국 선포

8·15 직전에 미·소연합군 사이에서 합의된 38도선의 획정이 남쪽의 민중들에게 알려진 것은 미군기의 전단 살포와 신문 보도 등을 통해서였다. 1945년 8월 9일부터 한반도로 들어오기 시작한 소련군은 8월 24일 평양에 진주했으며, 오키나와에 있던 미군은 9월 8일 인천에 상륙했다. 미군의 진주를 누구보다 환영한 세력은 총독부를 위시한 식민통치세력과 친일파 그리고 건국준비위원회의 활동에 적대감을 표한 이들이었다. 조선총독부는 "연합군이 진주하여 총독부를 접수할 때까지는 조선에서 최고 권력기관은 총독부"라고 주장하면서, 건국준비위원회 측에 총독부의 치안유지 협력단체로 개편하라고 강요했다.

이와 같이 임시정부나 광복군 등 국외의 독립운동세력이 들어오기도 전에 미군이 먼저 한반도에 상륙하여 군정이 실시될 위기상황이 도래했다. 이에 여운형을 중심으로 한 건국준비위원회에서는 신속히 조선인민공화국 수립을 선포할 수밖에 없게 되었다. 건국준비위원회에서는 1945년 9월 6일 1,000여 명이 참가한 전국인민대표자대회를 개최하고 조선인민공화국 수립을 선포했다. 그리고 각지의 건국준비위원회 지부들은 급속히 지방인민위원회로 개편되어갔다.

여운형은 개회사를 통해 새 정권은 "전 인민의 정치·경제·사회적 기본 요구를 완전히 실현할 수 있는 진정한 민주주의 정권"이어야 함을 강조했다. 조선인민공화국의 정강은 국가 건설을 위한 예비기관의 성격이었던 건국준비위원회의 강령보다는 구체화되었다. 특히 "일본제국주의와 봉건적 잔재 세력의 일소"를 내걸음으로써 새로운 국가 건설의 담당 주체에서 이들이 배제되어야 함을 분명히 했다. 정강 실천 방침으로 설정된 27항목에도 '친일파와 민족반역자'를 민족국가 건설 과정에서 배제하기 위한 구체적인 조치들이 포함되었다.

여운형은 아직 국외에서 귀국하지 못한 인사들을 고려하여 일단 광범위한 내각을 구성했다. 조선인민공화국의 주석에는 이승만을 추대했으며, 자신은 부주석을 맡았다. 이 외에도 국무총리 허헌, 내무부장 김구, 외무부장 김규식, 재정부장 조만식, 군사부장 김원봉, 사법부장 김병로金炳魯, 문교부장 김성수 등으로 하여 국내외라는 활동 지역이나 좌·우라는 사상 이념의 범위를 총망라하여 구성했다. 10월 1일 기자단과의 회견에서 여운형이 "당초에 연합군이 진주만 하면 즉각 국권을 받아들일 수 있도록 준비한 것이 즉 조선인민공화국의 내각"이라고 했듯이, 이러한 광범위한 통일전선적 정부 구성을 통해 새로 진주할 미군정 당국에게서도 자연스럽게 행정권을 이양받고자 했던 것이다. 그해 10월 2일 『조선주보朝鮮週報』에 실은 「신조선 건설의 대도大道」라는 글의 말미에서도 여운형은 다음과 같이 미군에 대한 태도를 밝히고 있다.

앞으로 조선의 운명은 우리의 노력 여하에 달렸다.
나는 연합군에 대한 우리의 태도를 처음부터 이렇게 생각하고 있다. 즉 만났으니 '하우 두 유 두'라 인사할 것이고, 두 번째는 '땡큐'라고 감사의 뜻을 표해야 할 것이고, 셋째로는 '굿 바이'가 있을 뿐이다. …
사대주의와 배외사상은 절대로 배척하지 않으면 안 된다.
그리고 우리는 우리 민족 자주의 힘으로 신 국가를 건설하여야 하고 꿋꿋하게 키워나가야 할 것이다. 우리 앞에 열려진 이것이 단 하나의 길이요, 그리고 단 하나밖에 없는 길이다.

하지만 38도선 이북에 진주하면서 「조선 인민들에게!」라는 포고문을 통해 독립국가 건설의 책임이 인민들 스스로에게 있음을 강조했던 소련 점령군과는 달리, 38도선 이남의 미 점령군은 「조선 인민에게 고함」을 통해 남쪽에 대한 통치권을 군정당국이 전면적으로 행사하겠다는 의지를 밝혔다. 이에 따라 미군 진주 직전에 선포된 조선인민공화국과 지방의 자치기구인 지방인민위원회의 존재는 일체 인정하지 않았다. 미군정만이 유일하고도 합법적으로 주권을 행사할 수 있는 통치기구임을 명확히 했다. 이로써 38도선 이남에 양립한 조선인민공화국과 미군정 당국은 처음부터 대립하게 되었고, 이러한 상황을 둘러싸고 조선 사회 내부에서도 갈등이 심화되어갔다.

인민당 창당

여운형은 일제 패망과 동시에 건국준비위원회를 통한 자치행정의 개시, 조선인민공화국의 수립과 좌절, 각 정당 간의 합작운동 추진 등을 거치면서 불과 2~3개월 사이에 지속적으로 통일된 민족국가 건설에 매진해왔지만, 현실적으로는 통합에 성공하지 못했다. 게다가 자신이 직접 위원장이나 부주석을 맡아 최고 정점에서 활동해왔음에도 정작 장기적으로 민족통일전선에 입각한 새로운 국가의 건설을 추진할 수 있는 자신의 정치적 기반이 취약함을 깨달았다. 사회주의·공산주의 세력은 8·15 직후 이미 조선공산당으로 결집했고, 보수주의 세력도 한국민주당으로 결집한 상태였다. 과거 중국에서 신한청년당을 창당했을 때부터 근대 국민국가에서 정당 조직이 얼마나 중요한지 잘 알고 있던 여운형은 마침내 당초의 구상대로 1945년 11월 12일 건국동맹을 모체로 조선인민당을 창당했다.

다음 두 사진을 비교해보면 건국동맹의 당기黨旗와 조선인민당의 당기가 같음을 알 수 있다. 1946년 신문화연구소에서 발간한 『인민당의 노선』에서 인민당 위원장 여운형은 당기에 있는 붉은 세 줄은 각각 정치·경제·문화를 의미한다고 밝혔다. 인민당의 강령은 "① 조선 민족의 총역량을 집결하여 진정한 민주주의국가의 건설을 기함, ② 계획경제제도를 확립하여 전 민족의 완전해방을 기함, ③ 진보적 민족문화를 건설하여 전 인류문화 향상에 공헌함을 기함"이라는 3개 항목으로 정했다. 조선인민당은 결성 당시부터 가장 중요한 현실적인 임무를 민족통일전선의 결성으로 정했고, 이는 여운형의 입장을 그대로 반영한 것이었다. 이를 두고 이만규는 다음과 같이 언급했다(이만규 1946, 272~273쪽).

8·15 직후 종로 YMCA 건물에 걸린 건국동맹 간판과 깃발(역사연구소 소장)

11월 12일 천도교 대교회당에서 열린 조선인민당 결성대회(기념사업회 소장)
태극기 옆의 흐릿한 깃발이 인민당기다.

인민당은 몽양의 정치 이념을 실천하는 대 정당을 만들려고 출발한 것이다. 진보적 민주주의로 투쟁과 혁명정신을 버리지 않고 파열破裂과 편벽偏僻을 피하면 완전한 중간당으로 나선 것이다. 조선 민중은 해방 즉시로 세계사조의 급류와 국제정치의 선풍에 부딪혀서 좌우로 흔들리고 있다. … 인민당은 곧 지구의 중심 방향 같은 가운데 서서 좌우로 흔들리는 민중의 그칠 곳을 가르치자는 것이다. 혼란한 정계가 안정되는 때는 모두 이 인민당 노선 위에 설 것을 확신하고 출발한 것이다.

　　당시의 정세 속에서 좌우로 분열되고 있는 조선 민중의 상황을 진보적 민주주의에 입각한 '중간당'의 창당으로 극복하고자 하는 여운형의 생각을 정확히 표현하고 있다. 창당 이후 인민당은 1946년 초까지 정당 간의 합작 모색, 이승만·김구와의 합작 모색 등을 통한 민족통일전선 결성에 중점을 두고 활동했다. 이는 1945년 12월 말 모스크바3상회의를 계기로 불거진 탁치정국에서 소모적인 찬탁·반탁 논쟁을 지양하고 정치적 통일을 이룸으로써, 모스크바3상회의 결정에 능동적으로 대응하려는 시도이자 자주적으로 민족국가를 수립하기 위한 노력이었다. 하지만 이러한 중간당으로서의 인민당을 통한 통합 노력이 성공을 거두기에는 역부족인 상황이 계속 연출되었다.

통일임시정부 수립을 위한 노력

1945년 8월 15일부터 모스크바3상회의 결정이 공식 발표된 12월 28일까지 한반도의 상황은 사실상 매우 유동적이었다. 비록 38도선을 경계로 미·소 분할 점령이 이루어지고 미·소점령군의 군정이 실시되고는 있었지만, 아직은 분단이 확정적으로 굳어진 것은 결코 아니었다. 미국과 소련은 한반도에서 전면적인 대립보다는 상호 협력과 타협의 가능성을 열어놓고 있었다. 국내의 정치 세력들 가운데 다수도 일제강점 아래 지난한 항일독립운동 과정에서 지속적으로 모색해온 민족통일전선운동의 연장선상에서 자주적인 통일민족국가를 수립하려는 노력을 전개했다. 여운형과 인민당에서는 자율적인 통일을 이루지 못하면 열강의 간섭을 받는 임시정부가 구성될 뿐이지 자주적 정부는 구성될 수 없다고 보았기 때문에, 어떻게 해서든 모스크바3상회의가 개최되기 전에 주요 정당을 중심으로 '자율적 통일'을 이루려 했다.

그런데 실제로 모스크바3상회의의 결과는 비록 조선인의 즉각적인 독립 요구에는 미치지 못했다 할지라도, 전체적으로 볼 때 당시 정세로서는 조선 측에 매우 유리한 방향으로 결정되었다. 무엇보다도 연합국 열강 사이에서 한반도 문제 해결에 대한 명시적인 합의를 이끌어냈다는 것은, 조선인의 노력 여하에 따라 통일된 국가를 수립할 수 있는 기본 조건이 만들어졌음을 의미했다. 합의안의 골격이 '미소공동위원회 설치 → 조선의 민주주의 정당 및 사회단체와의 협의 → 임시 조선민주주의정부의 수립 → 4개국의 신탁통치 실시방침'이라는 순으로 최종 확정된 것은, 미·소 양국이 조선인의 자주적 의사를 최대한 존중하겠다는 의지를 반영했다고 볼 수 있다. 따라서 당시 상황에서는 모스크바3상회의의 합의 내용을 일단 문안 그대로 받아들이고 그 바탕 위에서 민족 역량을 총결집해 통일된 임시정부를 수립하여 민주국가를 수립하는 데 노력하는 것이 최선의 길이었다. 미·소 양국이 한반도를 분할 점령하여 군정을 실시하고 있는 상황에서 이 두 나라의 공식적인 합의안을 무시하고는 통일된 국가를 수립하기란 사실상 불가능했기 때문이다.

하지만 『동아일보』의 오보誤報 등으로 '통일임시정부 수립' 내용보다는 '신탁통치'라는 문제만 크게 부각되면서 그 내용의 본질이 잘못 전달되었다. 그런데 이것이 곧바로 급격한 내부 분란으로 이어진 배경에는, 일제의 잔재를 청산하는 데 소극적이었던 보수 우익 세력이 이념적 논쟁을 통해 자신의 기득권을 유지하려는 정치적 의도가 작용하고 있었음을 분명히 할 필요가 있다. 하지만 이들의 반탁운동에 이승만 세력과 김구를 중심으로 한 임시정부 세력까지 가세함으로써 보수 우익 세력은 더욱 힘을 얻게 되었다.

여운형과 인민당은 조선공산당 등과 함께 모스크바3상회의 결정에 대한 총체적 지지와 즉각적인 임시민주주의정부 수립, 그리고 친일파·민족반역자의 배제 등을 표방하면서 1946년 2월 결성된 민주주의민족전선에 힘을 보탰다. 여운형은 김원봉·박헌영·백남운·허헌과 함께 민주주의민족전선의 공동의장으로 선출되었는데, 당시 결성대회 의사록에 따르면 의장단의 일원으로서 여운형은 다음과 같이 연설했다.

… 독립을 완성하려면 땅의 남북과 사상의 좌우를 가릴 필요가 어디 있습니까? … 과거의 지하운동 시대를 생각해보라. 어두컴컴한 감방에서 더듬더듬 걷다가 탁 부딪힌 후에 "너는 누구냐"고 묻고 보면 "나는 공산주

의자다", "나는 민주주의자다" 말하며 껴안고 어쩔 줄을 모르던 혁명투사들 간에는 민주주의자도 공산주의자도 없었던 것이 아닌가. …

모스크바3상회의 결정 지지냐 반대냐의 문제가 '찬탁 대 반탁 논쟁'으로 불거지면서, 8·15 직후 시급했던 친일파 청산 등의 민족적 과제를 해결하기보다는 정국은 좌·우라는 이념 대립의 물결 속으로 급속히 휘말려 들어갔다. 1946년 들어서 반탁운동은 '즉시 독립을 위한 애국운동'으로 선전되는 모순적인 상황으로까지 흘러갔다. 또 반탁운동이 반소·반공운동으로 변질되어가면서 여기에 참가하기만 하면 친일 인사도 '애국자'로 둔갑하는 상황이 연출되었다. 이러한 거센 반탁운동의 여파는 대내적으로 좌·우 대립을 부추기고 대외적으로는 미국과 소련에게 스스로 결정한 합의안을 무산시킬 수 있는 빌미를 제공했다. 그리고 이는 이후 한반도 내에서 민족 분단이 야기된 가장 주요한 계기로 작용했다.

이러한 상황에서 여운형은 1946년 2월 직접 38도선 이북으로 가서 조만식과 김일성을 만나 미소공동위원회 개최를 통한 임시정부 수립 문제 등에 관해 논의했다. 이때부터 시작하여 1947년 7월 19일 암살당할 때까지 그는 다섯 차례나 방북을 하고 또 김일성·김두봉金枓奉 등과 10여 차례 이상 서신을 교환하면서 한반도 내에서 통일된 정부를 세우고 통일민족국가를 수립하기 위해 최선을 다했다. 중국에서 독립운동을 할 때부터 가장 열린 자세로 어떠한 상황도 포용하면서 대처했던 여운형은 미군정 장관의 고문을 맡기도 했다. 그런데 여운형의 평양행을 두고 미군정 당국이 문제를 삼자, 그는 "집주인이 자기 집에서 아랫방으로 내려가건 윗방으로 올라가건 손님들이 웬 참견이냐"며 맞섰다.

평소 여운형은 설령 외세의 지원을 받을지언정 절대 의존해서도 안 되고 지나친 편향으로 그들을 일방적으로 배척해서도 안 된다고 주장했다. 새로 수립될 정부는 어디까지나 '메이드 인 코리아'로 되어야 한다고 생각하고 있었다. 이는 1946년 4월 5일의 담화 「의존과 편향은 금물」에서 잘 드러난다(『조선인민보』 1946년 4월 6일자).

조선의 건설은 조선인이 맡아야 한다. 머지않아 수립될 신정부도 조선제(메이드 인 코리아)가 되어야지 외국제가 되어서는 안 되겠다. 우리는 어디까지나 조선인이니까 언제든지 조선의 주인이요, 조선 정치의 주체다. 외인外人의 원조는 받을망정 그 괴뢰가 되어서는 안 되겠다. 우리는 원조를 받아 자립할 뿐 편향과 의존은 금물이다.

1946년 3월 서울에서 열린 제1차 미소공동위원회는 모스크바3상회의 지지 약속 문제 등을 둘러싸고 결국 입장의 차이를 좁히지 못한 채 무기한 휴회로 들어갔다. 이때에도 여운형은 5월 10일 담화 「문제는 자율통일, 일시적 저애沮礙로 실망 않는다」를 통해 "주인이 말할 터이니 손은 모여라"라면서 다음과 같이 자주 통일을 외쳤다(『자유신문』 1946년 5월 11일자).

— 미소공동위원회는 무기 휴회가 되었으나 우리는 결코 실망치 않는다. 조선의 독립을 승인하고 원조하겠다는 3상회의 결정이 엄연히 존재하

고 있는 이상, 현재 외교 절충에서 생긴 일시적 저애沮礙쯤은 크게 문제될 것이 없다. 워싱턴과 모스크바는 반드시 이 문제의 타개책을 발견하게 될 것이다.

- 그러나 미소공동위원회는 7주간을 계속하였으되 조선인을 한 번도 그 협의에 참가시킨 일도 없이 그들끼리 이야기하다가 헤어졌다. 그리하여 대망의 임정 수립은 드디어 지연되고 말았으니 그 직접 책임이 미·소 두 나라에 있다는 것을 지적치 않을 수 없다. 우리는 위원회와 협의할 만단의 준비를 가지고 있는 자이니, 조선인의 의사를 듣기 위해서라도 위원회는 속개되어야 할 것이다. 주인이 말할 터이니 손은 모여라.

  …

- 그러므로 근본 문제는 이 뜻에서 뭉친 통일 이외에는 아무 것도 없다. 모든 감정과 오해와 곡해와 시기가 모략들로서 윤색되어진 민족분열주의와 국제고립주의는 언제든지 우리의 적이다. 이 정치적 진공 상태에 처하여 우리는 반드시 자율통일을 각자가 열심히 준비하여야 되겠다고 나는 또 한 번 제창하고 싶다.

좌·우의 이념을 넘어선 통일임시정부의 수립을 주장해온 여운형은 한반도 내에 통일민족국가가 수립되기 위해서는 미국도 소련도 방해하지 않아야만 가능하다고 판단하고 있었다. 이를 위해서는 '친소 반미'도 '친미 반소'도 해서는 안 되며 "이념은 자주 통일이 되고 난 뒤에 그때 가서 인민에게 물어서 택하면 된다"면서 좌·우 이념을 넘어선 자주적인

1946년 5월 미소공동위원회 미국 대표단과 함께(기념사업회 소장)

1946년 5월 미소공동위원회 소련 대표와 악수하는 여운형(기념사업회 소장)

통일정부 수립이 우선시되어야 한다고 강조했다.

분단 방지를 위해 좌우합작운동 주도

여운형은 해방공간에서 남북분단의 위험을 가장 먼저 감지하고 이를 방지하기 위해 노력한 인물로 널리 알려져 있다. 해방이 되었으나 곧바로 미국과 소련이 38도선을 기준으로 분할 점령을 했고 1945년 12월 말 모스크바3상회의 결정에 대한 잘못된 대응으로 내부의 대립과 혼란만 심해져갔다. 1946년 5월 미소공동위원회마저 무기한 휴회로 돌입한 가운데 이승만은 6월 3일 이른바 '정읍 발언'을 함으로써 남쪽만의 단독정부 수립, 즉 남북분단의 가능성을 가시화해버렸다. 이에 여운형은 그 위험을 간파하고 김규식 등과 함께 좌우합작을 통한 통일정부 수립운동을 추진하기 위해 '좌우합작위원회'라는 협의기구를 구성했다.

좌우합작운동의 추진 경위와 관련해서는 '여운형 추진설'과 '미국 추진설'이 있다. 전자는 미소공동위원회 결렬 직후 여운형이 통일정부 수립을 위해 좌우합작을 구상하고 김규식과 협의한 뒤 먼저 주한미군 사령관 존 하지John R. Hodge의 정치고문 레너드 버치Leonard Bertsch의 동조를 얻고 그가 하지를 설득하여 좌우합작운동을 지지하도록 만들었다는 것이다. 후자는 하지의 명령을 받은 버치가 좌우합작을 구상한 뒤 개인적으로 존경하던 김규식을 설득하여 좌우합작운동에 나서도록 했고 김규식이 좌익 측 대표로 여운형을 끌어들였다는 것이다. 어쨌든 좌우합작운동을 추진하는 과정에서 미국의 전략적 지원은 필수적이라고 할 수 있지만, 그 추동력은 여운형과 김규식을 중심으로 한 자주적인 통일민족국가 건설에 대한 의지였다.

여운형은 "진정한 통일정부는 좌우합작에서 수립될 것이요, 결코 좌나 우나 단독으로는 수립되지 못할 것이며, 수립된다 하더라도 지속성이 없을 것이다"라면서 좌우합작의 필요성을 강조했다. 좌우합작운동이 추진되던 도중에 미군정은 '조선인의 복리'를 위한다는 미명 아래 입법기관 설치 의도를 드러냈다. 이에 대해 좌익 측은 군정 연장을 기도하는 것이라며 즉각 반대의사를 표명했으나 우익 측은 대체로 긍정적인 입장을 보였다. 이 문제는 좌우합작에 걸림돌로 작용할 소지가 있었지만, 중도좌파를 대표하는 여운형과 중도우파를 대표하는 김규식을 중심으로 한 좌우합작운동은 점차 확대 발전되어갔다.

그 결과 1946년 7월 25일 각 측의 대표 5명씩으로 구성된 좌우합작위원회가 발족했고 덕수궁에서 1차 회담을 개최하기에 이르렀다. 하지만 이후 좌익 측의 '합작 5원칙'과 우익 측의 '합작 8원칙' 등 좌우합작의 원칙 문제로 대립되면서 갈등을 거듭했다. 그러던 중 1주일 동안 북쪽을 방문하고 10월 4일에 돌아온 여운형이 적극적으로 중재에 나서서 결국 양 측의 절충안인 '좌우합작 7원칙'을 결정했다. 그 내용을 정리하면 다음과 같다.

① 3상회의 결정에 따라 남북을 통한 좌우합작으로 민주주의 임시정부를 수립할 것
② 미소공동위원회 속개를 요청하는 공동성명을 낼 것

③ 토지개혁 실시, 중요산업 국유화, 사회노동법령 및 정치적 자유를 기본으로 지방자치제의 확립

④ 친일파 민족반역자를 처리할 조례 추진

⑤ 남북의 정치운동자 석방 및 남북 좌우의 테러적 행동 제지 노력

⑥ 입법기구의 기능과 구성 방법, 운영 방안 모색

⑦ 언론·집회·결사·출판·교통·투표 등 자유 절대 보장

여운형과 김규식 등 중간파를 중심으로 한 좌우합작 추진 세력은 미소공동위원회의 재개를 주장하며 적극 협력할 방침을 세웠다. 하지만 1947년 5월 21일 열린 2차 미소공동위원회 역시 미국 국무성이 단독정부 수립 계획을 시사한 후인 7월 10일에 사실상 결렬되고 말았다. 이로써 좌우합작위원회가 거의 1년간 기대하고 추진해온 미소공동위원회를 통한 통일임시정부의 수립이라는 과제 역시 실현되지 못했다. 게다가 좌우합작운동의 핵심인물인 여운형이 그 직후인 7월 19일 암살되면서 좌우합작운동은 사실상 종지부를 찍었다.

미국 국무장관 조지 마셜George C. Marshall은 1947년 9월 17일 한반도 문제를 UN으로 이관하자고 제의했으며, 소련 측에서는 이는 미·소의 합의를 위반하는 것이라고 반대하면서 한반도에서 미·소 양 군이 철수해야 한다고 주장했다. 소련 측은 모스크바3상회의 결정에 따른 한반도 문제의 해결이 불가능하다면 미·소 양군이 철수한 후 조선인 스스로 해결하도록 해야 한다는 입장을 취했다. 하지만 그해 10월 30일 개최된 UN 총회에서 결국 미국 측이 제안한 한반도 문제의 UN 이관이 가결

되었다. 이로써 남과 북에서의 단독정부 수립은 사실상 기정사실화되었다. 하지만 이후에도 김규식을 중심으로 한 중간파 세력은 그해 12월 민족자주연맹을 결성하고 김구 등과 함께 남북협상운동을 전개하면서 민족통일국가 수립운동을 계속해나갔다.

대중과 함께한 신뢰의 지도자, 민족의 가슴에 잠들다

신뢰받는 지도자의 암살, 최초의 인민장

다음은 주한미군 사령관 존 하지가 극비리에 미국 정부에 보낸 보고서의 한 구절이다. 일본이 물러간 8·15 직후 상황에서 국내의 정치적 여론을 잘 보여준다.

> 남쪽에서 대통령 선거를 하면 국내파 여운형이 당선된다. 그다음은 중국파 김구이고, 미국파 이승만은 세 번째다.

여운형은 8·15 직후 『매일신보』에서 실시한 '조선을 대표하는 정치인' 조사에서도 33%로 1위를 차지했다. 그뿐만 아니라 1945년 11월 우익 성향의 잡지인 『선구』에서 실시한 '일제 시기 최고의 혁명가'와 '조선을 이

1947년 3월 17일 아궁이에 설치된 폭탄이 폭파한 계동 자택의 모습(기념사업회 소장)

끌어갈 양심적 지도자'라는 여론조사에서도 김구와 이승만을 제치고 1위를 차지했다. 이는 해방공간에서 여운형이 얼마나 대중적인 지지와 신뢰를 받고 있던 민족지도자이자 정치가였는지를 단적으로 보여준다.

여운형은 해방공간에서 활동한 약 2년 사이에 12차례나 테러에 시달렸다. 그러다가 결국 좌우합작운동이 사실상 좌절된 즈음인 1947년 7월 19일 한낮에 혜화동 로터리에서 두 발의 총성과 함께 죽음을 맞이했다. 고국을 방문하고 미국으로 돌아가던 재미조선사정협의회 회장 김용중金龍中을 만나 작별을 고하고, 명륜동 정무묵鄭武默의 집에 잠깐 들렀다가 계동 자택으로 돌아가던 길이었다. 당시 동승했던 고경흠이 급히 차량을

1947년 8월 3일 장지인 우이동으로 향하는 운구차량과 추모 인파(기념사업회 소장)

서울대학교병원으로 향하도록 했지만 도중에 숨을 거두고 말았다. 그의 시신이 안치된 광화문 근로인민당사(현 동화면세점 자리)에는 조문 행렬이 끊이지 않았다.

여운형의 장례는 해방 후 최초의 인민장人民葬으로 거행되었다. 8월 3일 오전 8시 근로인민당사 앞에서 발인식을 끝내고 운구행렬은 종로 네거리와 을지로를 거쳐 영결식장인 서울운동장, 즉 동대문운동장(현 동대문역사문화공원)으로 향했다. 수천의 만장輓章과 수십만의 추모 인파가 함께하는 길이었다. 각계각층의 대표가 자리한 가운데 영결식을 마치고 우이동 장지葬地에 묻혔다. 장례행렬이 동대문을 거쳐 혜화동 로터리를 지날 무렵 갑자기 쏟아진 소나기가 그의 죽음을 애도하기도 했다.

그에 대한 낙인, 그가 남긴 과제

여운형의 생애와 활동, 그 사상과 이념의 폭은 매우 넓었다. 특히 그의 사상과 이념은 동학과 기독교 사상으로 인간평등에 눈을 뜬 후부터 민족주의·사회주의·공산주의에 이르기까지 넓고 긴 스펙트럼을 지니고 있다. 그래서 그를 어떤 특정한 이념의 소유자, 일명 'OO주의자'라고 부르기는 매우 어렵다. 여운형은 한때 기독교 전도사로 활동했고, 여전히 기독교사상을 운운하면서 우리나라에서 처음으로 마르크스의 「공산당선언」을 번역했다. 수시로 중국의 쑨원을 만나고 장제스·마오쩌둥을 비롯해 러시아의 레닌과 트로츠키까지 만났다. 심지어 일본 수상이나 군부대신, 조선총독이나 정무총감도 자주 접촉했다. 해방공간에서는 유창한 영어로 미군정청을 드나드는가 하면, 다섯 차례나 38도선 이북을 드나들며 김일성 등을 만났다.

하지만 이런 행적을 보였다고 해서 여운형을 기독교인·공산주의자·친중파·친소파·친일파·친미파·친북파 등의 단어로 부르는 것은 상당히 어색하다. 사실상 그는 우파에서는 공산주의자, 좌파에서는 기회주의자라고 비난과 공격을 받아왔다. 그의 정치적 행보를 놓고 어떤 이는 민족지도자라며 존경하고, 어떤 이는 친일파라고 매도하기도 했다. 이를 안타까워하면서 그에게 우호적 시선을 던진 이들에게서는 사회민주주의자·진보적 민주주의자 등의 이념적 칭호까지 얻었다.

여운형에게는 이 모든 것을 뛰어넘는 목표와 신념이 있었음이 분명하다. 그의 삶을 되짚어볼 때, 그것은 조국의 독립과 해방, 인민에 기초한 하나된 민족국가·민주국가 건설로 요약할 수 있다. 어떤 사상이나 이념도 이 목표와 신념에 종속되어 있었다. 그런데 그의 의문의 죽음에서 이미 예고되듯이, 그 이후 한반도의 역사는 그가 평생 노력해온 목표와 신념대로 흘러가지 않았다. 남과 북으로 분단된 후 남쪽의 정치는 한동안 반공·반북·친미·친일세력이 장악했다. 따라서 이 기간 동안 그는 '친북 공산주의자'라는 어울리지 않는 낙인을 얻은 채 역사 속에 남아야 했다. 그가 추구했던 통일민족국가 건설이라는 목표 역시 21세기 유일한 분단국가라는 오명을 쓴 채 오늘날까지도 여전히 미완의 과제로 남아 있다.

8·15 해방이 된 지 60년 만인 2005년이 되어서야 여운형은 대한민국 정부에서 처음으로 건국훈장 대통령장을 받았다. 하지만 이는 일제강점기 독립운동가들에게 주는 최고의 훈장이 아니었다. 2008년에 정부에서 다시 최고등급인 건국훈장 대한민국장을 받고 나서야 그에 대한 낙인이 조금씩 흐려져가고 있다. 하지만 그가 받은 대한민국장에 대해 국가보훈처에서는 2018년 현재까지도 인정하지 않고 있다. 오늘날 쉽게 인터넷을 통해 검색할 수 있는 '공훈전자사료관'에서 여운형이라는 이름을 찾아보면, 여전히 2005년에 건국훈장 대통령장을 받은 기록만 등장할 뿐이다. 그가 남긴 과제, 그에 대한 낙인은 둘 다 아직도 현재진행형이다.

여운형의 삶과 자취

1886	5월 25일. 경기도 양평군 양서면 신원리 묘골에서 함양여씨 집안의 9대 종손으로 출생. 아호는 몽양. 동학 성향 집안 분위기에서 14세까지 조부 여규신에게서 한학·역사·지리 등을 수학함
1900	여병현의 권유로 서울 배재학당에 입학함. 기독교적 규율생활과 선교사 특유의 우월의식이 맞지 않아 중퇴함
1902	사립 흥화학교 재학 중 우등 성적을 받음. 이후 우무학당 입학을 위해 중퇴함
1903	부인 사망에 연이어 조부 여규신이 사망함
1905	모친 경주이씨가 사망함. 우무학당 재학 중 일제의 우체·통신 업무 위탁에 반대하는 청원운동을 전개함. 우무학당 졸업, 기술관 채용 통지를 받았으나 응하지 않음
1906	부친 여정현 사망. 고향인 양평 묘골의 묘곡교회 설립 및 학교 설립에 여씨 문중이 기부하도록 함(이보다 앞서 기독교에 입교하여 문중을 설득함)
1907	묘골 고향집에 기독사립 광동학교를 설립함. 양평에서 국채보상운동에 참여함. 일명 '백정교회'로 불리던 서울 승동교회의 조사로 활동함
1908	부친 탈상 후 집안의 노비문서와 빚문서를 모두 소각하고 노비를 해방함. 서울 창신동으로 이사함. 기호흥학회 등 애국계몽단체 등에서 활동함. 황성기독교청년회YMCA·상동청년학원 등의 인사들과 폭넓

	게 교류함. 신민회 활동을 함
1910	강릉의 초당의숙 교사로 초빙됨. 일제의 국권침탈에 따른 교육정책에 항거함
1911	초당의숙 강제폐교로 서울로 복귀함. 승동교회 조사 활동을 재개함. YMCA 운동부장으로 활동함. 기독교 선교사가 되기로 결심함
1912	YMCA 야구단을 이끌고 도쿄 원정경기에 참여함. 평양신학교 입학함
1913	6월. 동생 여운홍이 미국으로 유학을 떠남
1914	평양신학교를 중퇴함. 일본 조합교회 및 친일적 기독교에 저항, 중국 망명을 결심함. 클라크 목사가 서간도의 기근을 위무하기 위해 파견될 때 동행하여 만주 경학사 등의 독립운동 상황을 파악함
	12월. 후배 조동호와 함께 중국 망명길에 오름. 1개월 정도 칭다오에 체류함
1915	2월. 난징의 진링대학 영문과에 입학함
1916	상하이의 동제사·신아동제사·체화동락회 등 독립운동단체 인사들과 교류함
	12월. 상하이로 가서 정착을 준비함. 상하이 YMCA의 협조로 구직 활동을 함. 이문사서관(伊文思書館) 영문사무원으로 근무함
1917	1월. 미국인 선교사 피치가 경영하던 협화서국 위탁판매부 주임으로 근무함
	2월. 한인 자녀를 위한 교민학교로 인성학교를 설립함
	봄. 진링대학을 중퇴함. 상하이 한인교회에서 전도사 활동. 우산이 경영하던 도로월간사 및 중화기독교청년회 등에서 활동함
	6~7월경. 상하이 영자신문 『노스차이나 데일리뉴스』 기자 천한밍의 주선으로 쑨원과 첫 만남. 이후 수차례 만나 세계정세를 논의하는 등으로 친분을 쌓아감

	여름. 잠시 귀국하여 부인과 장남을 데리고 상하이로 돌아감. 이때부터 1918년 3월까지 청년 30명의 미국 유학을 주선함
1918	8월. 신한청년당의 모체가 되는 여운형·장덕수·조동호·신석우·선우혁·김철·한진교 등 6인의 정세토론 모임을 매주 토요일 자택에서 개최함
	9월. 신석우 등과 함께 상하이 재류 500여 한인교포의 친목단체인 상해고려교민친목회를 조직하고 총무로 활동함. 평북 선천에서 개최되는 기독교 노회 참석차 귀국, 서울에서 이상재 등과 만나 협의하고 10월에 상하이로 돌아옴
	11월 27일. 한인단장 자격으로 미국 윌슨 대통령의 특사 찰스 크레인의 상하이 방문 환영오찬회에 참석함. 파리강화회의에 한국 대표 파견 요청을 위해 크레인과 별도 면담하여 수락받음. 장덕수·조동호 등과 협의하여 독립청원서 초안을 작성함
	11월 28일. 정식으로 신한청년당을 창당함
	11월 29일. '재중국 신한청년당 총무 여운형' 명의로 크레인에게 편지를 작성하여 독립청원서와 함께 윌슨 대통령에게 전달하도록 요청함
1919	1월. 신한청년당에서 파리강화회의에 파견될 민족대표로 김규식을 결정함. 이때부터 당원들을 국내외 각지로 파견함
	1월 20일. 만주와 연해주 파견 소임을 띠고 블라디보스토크를 향해 출발, 일단 만주로 향함
	2월. 창춘과 하얼빈을 거쳐 블라디보스토크 도착, 2주간 체류함. 니콜스크·우수리스크와 블라디보스토크 등지에서 이동녕·문창범·박은식·조완구·원세훈·강우규 등과 만나 독립운동에 관해 폭넓게 협의함. 체코군 총사령관 라돌라 가이다와 약소민족 해방 등에 대해

논의함. 미국·영국·캐나다 3군사령부 방문해 일제의 조선정책을 규탄하는 전단을 배포하고, 각지에서 강연함

3월 6일. 가이다 장군의 군용차로 블라디보스토크 출발, 하얼빈과 장춘을 거쳐 상하이로 귀환함

3월 말. 신한청년당과 동제사가 합세하여 프랑스조계 바오창로에 '독립임시사무소' 설치, 임시정부 설립을 준비한 결과 임시의정원 설립(4. 11)과 대한민국임시정부 수립(4. 13)의 결실을 거둠

7월 1일. 임시정부 지원을 위해 내무부령으로 다시 설립된 대한적십자회 이사로 선임됨

8월 5일. 대한민국임시정부 외무부 차장으로 임명됨. 임시의정원 의원으로도 활동함

9월 22일. 상해고려교민친목회가 상해대한인민단으로 개편되어 초대단장으로 취임함

11월 16일. 일제 당국이 회유공작의 일환으로 도쿄행을 요청하여, 장덕수·최근우·신상완과 함께 일본 나가사키에 도착함

11월 18일. 여운형 일행 도쿄에 도착. 이때부터 12월 1일까지 도쿄에서 다나카 육군대장, 고가 척식장관, 노다 체신장관 등 고위관료와 수차례 회담하며 조선 독립에 대한 의지를 천명함

11월 23일. 도쿄의 조선인 유학생회에서 초청 환영회

11월 27일. 도쿄 시내 제국호텔에서 500여 명의 청중과 내외신 기자 등이 참석한 가운데 연설회 개최, 조선 독립의 당위성을 논리적으로 설파함

11월 28일. 위 조선인 유학생회의 초청 환영회에 대한 답례 차 간다의 청년회관에 유학생들을 초대하여 집회 개최했으나 중지됨

11월 30일. 요시노 사쿠조 교수의 요청으로 진보적인 학술단체인

	신진카이에서 환영회 개최. 일본의 사회운동가 오스기 사카에의 선창으로 '조선 독립 만세'를 외친 일화로 유명해짐
	12월 1일. 도쿄를 출발하여, 일본 조합교회 목사 와타세의 요청으로 나라 관광을 함. 이후 6~7일경 상하이로 출발한 듯함
1920	1월 9일. 상해대한인민단이 임시정부 내무부의 지휘를 받는 상해대한인거류민단으로 변경되어 단장으로 취임함

1920년 1월 9일. 상해대한인민단이 임시정부 내무부의 지휘를 받는 상해대한인거류민단으로 변경되어 단장으로 취임함

1월 14일. 이광수의 요청으로 임시정부 기관지 『독립신문』의 편집과 경영 타개책을 강구함

1월 22일. 임시정부 국무회의에서 한형권·안공근과 함께 러시아 파견 특사로 결정됨(한형권만 파견). 임시정부 외무부 차장을 사임함

2월. 『독립신문』의 주식회사 개편 시도에 참여함

4월 초. 코민테른 동방부 부부장 보이틴스키와 회견함. 그의 제안에 따라 이동휘를 중심으로 상하이에서 결성된 '공산주의자 그룹(상해파)' 참여

4~5월경. 푸젠성 장저우에서 러시아의 포타포프 및 중국 군벌 천중밍과 회담. 일본의 침략에 맞서 한·중·소 3국의 군대 양성과 무장투쟁을 위한 공동협력방안 마련에 대해 협의함

8월. 미국 의원단 일행이 조선 시찰에 앞서 상하이를 방문했을 때 교민단장 자격으로 환영회를 개최함. 일제의 강제병합에 미국도 책임이 있음을 강조하면서 조선의 독립 지원을 요구함

말경. 일본군의 조선인 학살 사건인 '간도참변' 이후 한인동포의 피해 실태를 조사해 중국 정부에 주지시킴. 장쭤린 군벌 고립 활동을 추진함

1921년 3월. 중국 신해혁명 지도자들과 함께 한·중 연대를 위해 한중호조사를 결성함

	4월. 조동호·신익희·이유필 및 우산·저우첸추·셴중준 등과 함께 한중호조사 상하이지부를 조직함
	5월 12일. 신한청년당 주최 연설회에서 안창호와 함께 연사로 나서서 임시정부 개조파의 입장에서 국민대표회의 개최를 주장함
	5월. 이른바 '이르쿠츠크파'와 '상해파'의 알력이 극심해져서 이동휘 등과 결별함. 고려공산당(상해파) 결성에 참여하지 않음
	6월 6일. 안창호와 함께 국민대표회의 상해기성회 제1회 총회를 개최함
	7월 16일. 이때부터 9월 15일 사이에 베이징에서 군사통일회의와 함께 국민대표회의 개최를 요구하는 회의에 김규식 등과 함께 참석함
	7월. 조동호·김만겸 등과 함께 별도로 고려공산당(이르쿠츠크파) 상하이지부 조직. 이후 중국의 천두슈·리런제 등과 교류하며 마르크스주의 학습. 위 고려공산당 번역위원회 위원으로서 마르크스의 「공산당 선언」 등을 최초로 한글 번역함
	8월. 상하이에 한중호조사 본부 설치, 한국측 평의원으로 선출. 상하이·베이징·톈진 등에서 50여 명의 위원이 참석한 가운데 국민대표회의 주비위원회를 조직함
	11월 2일. 원래 이르쿠츠크에서 열릴 예정이던 극동민족대회에 참가하기 위해 김규식·김철·권애라 등과 함께 출발. 자동차로 고비사막을 횡단하여 몽골 후레(울란바토르)에 도착, 1주일간 머물면서 몽골의 혁명가 린치노·단잔 등과 교류함
	11월 중순. 이르쿠츠크 도착, 극동민족대회의 장소 및 일정 변경으로 이후 모스크바로 향함
1922	1월 7일. 모스크바 도착, 역 앞의 환영집회에서 조선 대표로 영어로 감사 연설을 함

| | 1월 21일. 크렘린궁에서 레닌과 각국 대표단이 참석한 가운데 열린 사전 회동에 참석, 레닌과 첫 회견을 함(이후 대회 기간 동안 중국 대표들과 함께 레닌과 한 차례 더 회견 가짐)
1월 22일. 극동민족대회 본회의에 참가함. 김규식과 함께 대회 운영 의장단 16인에 선출됨. 이후 2월 2일까지 진행된 회의 과정에서 세계 각국의 혁명가들과 교류함
4월. 세계학생그리스도교연맹WSCF 제1회 세계대회에 조선 기독교청년회 대표로 참석하기 위해 베이징에 온 이상재를 만나러 베이징으로 감
5월. 국민대표회의 주비회에서 「소집 선언서」 발표 등으로 준비 작업 진행. 소집 촉진을 위해 상하이의 독립운동단체 지도자들로 조직된 시사책진회에 참여했으나, 큰 성과를 거두지 못함
10월. 이듬해 5월까지 동아일보사 상하이 주재 촉탁통신원으로 활동
10월 28일. 김구 등과 함께 무장독립운동 준비단체인 한국노병회를 조직함
12월. 신한청년당을 해산함 |

| 1923 | 1월 3일. 상하이 프랑스조계의 미국인 침례교회에서 국내외 각지에서 120여 명이 참석한 가운데 국민대표회의 개회식이 열림. 이후 국민대표회의 과정에서 임시정부 개조파 입장에서 활동함
4월. 국민대표회의가 별다른 성과 없이 결렬될 위기에 처하자, 또 다른 방책으로 국내외 독립운동세력을 통합한 일대 독립당 조직을 제안함. 안창호 등도 찬성했으나 6월 6일 무려 5개월 동안 지속된 국민대표회의가 결렬됨
6월 2일. 베이징에서 윤해·신숙 등을 중심으로 비밀회의가 소집되어 새로운 정부로 '조선공화국'이 수립될 때 김규식·조동호·한형 |

	권·지청천·최동오 등 30인의 국무위원에 포함됨. '조선공화국'은 사실상 곧바로 해체됨
1924	초. 안창호와 함께 「대동통일취지서」 발표하여 국가와 민족을 위한 결집을 촉구함
	7월. 임시의정원에서 상하이 청년동맹회 주도로 독립당대표회의 소집을 요구함
	9월. 김규식·최창식 등이 설립한 고등교육기관인 상해고등보수학원 영어 담당 전임교사로 일함
	쑨원의 권유로 중국국민당에 입당함. 취추바이의 추천으로 중국공산당 당원 대우(중국 국민당과 공산당 양측에서 당원 대우를 받은 유일한 조선인)를 받음.
1925	1월. 중·소 협정 체결 무렵 왕제 등과 함께 국공합작과 조선독립운동의 연대 등을 골자로 한 협약을 맺으며 한·중 연대를 통한 독립운동을 모색함
	4월. 조선공산당 결성 직후 코민테른 승인을 위해 조봉암·조동호 등이 모스크바로 향할 때 그 절차와 수속을 맡아 처리해줌. 그 결과 그해 9월에 승인받음
	5월. 소련 타스 통신사 상하이지부에서 촉탁으로 근무. 주된 업무는 중국 신문들의 기사를 영어로 번역하고 주석과 논평을 붙여 베르테에게 보내는 일. 베이징 주재 소련대사 카라한이 중국 국민당 - 공산당 - 소련 3자 사이의 연락을 부탁하며 상하이총영사관 부영사이자 타스 통신사 지부장인 베르테를 소개해줌
	6월. 상하이 '5·30사건'으로 배일·배영운동이 격해지자 베르테와 공산당의 취추바이 및 국민당의 사오리쯔와 함께 매주 2~3회씩 대책회의, 상하이의 노동자·학생운동의 방향을 논의함

7월. 광저우에서 피압박민족연합회가 결성될 때 상하이에서도 같은 명칭의 조직 결성을 시도했으나, 인도인과 베트남인이 참가하지 않아 실패함

11월. 조선공산당(1차)의 모스크바 동방노력자공산대학 유학생 파견을 지원함

12월 3일. 새벽에 자택에서 박희곤 등 7명의 정위단 단원에게 가족과 함께 집단구타를 당함(그해 7월 우산 등이 개최한 아주민족협회 다과회에 개인 자격으로 참가한 것을 구실로 삼았으나, 실제로는 국민대표회의 이래 지속된 임시정부 옹호파와 개조파 사이의 복잡한 갈등관계를 반영한 사건)

1926

1월 4일. 왕징웨이의 초청으로 1월 4~19일 광저우에서 열리는 중국국민당 제2차 전국대표대회(2전대회) 참가, 왕징웨이·보로딘과 함께 대회의 지도방침 등을 협의함. 이 사이에 의열단 단장 김원봉이 광저우의 황푸군관학교에 입학하도록 주선함

1월 14일. 베트남의 호치민 및 인도 대표와 함께 3인의 아시아인 대표 중 1인으로 연설함. 2,000여 청중 앞에서 1시간가량 영어로「중국 국민혁명의 전 세계적 사명」이라는 제목으로 연설해 큰 호응을 얻음

1월. 국내의 '제1차 조선공산당 탄압'으로 망명해온 김찬·김단야 등과 함께 '조선공산당 임시상해부'를 조직함

2월 18일. 임시의정원 의원 및 부의장직을 사임함

2월. '상해파' 세력과 함께 '무산운동과 민족운동의 연합'을 표방한 '주의자동맹'을 조직함

4월. 광저우 방문, 황푸군관학교 교관 손두환의 주선으로 장제스를 만나 독립운동자금의 지원과 조선인 청년의 군관학교 입학 증원 요구함. 후자만 관철됨

	5월. 상하이에서 안공근·조상섭·최창식·이유필·오영선 등과 함께 한국독립운동촉진회 결성. 조선공산당(2차)의 모스크바 동방노력자공산대학 유학생 파견을 지원함

6월. 조선공산당 광동지부 설치에 노력. 이 시기 주로 상하이와 광둥을 오가며 운동전선의 통합에 노력함. 광동에서 이르쿠츠크파와 상해파를 결합한 비밀결사 공청사 조직. 국내의 6·10만세운동 추진 과정에서 만세시위운동에 사용할 격문을 최창식이 경영하는 상하이 삼일인쇄소에서 인쇄하도록 주선함. 병인의용대의 국내 의거 추진을 지원함

1927
~
1929

타스 통신사 사직. 푸단대학 명예교수로 체육을 가르치고 축구감독을 겸함. 푸단대학 축구단을 인솔해 필리핀·인도네시아·싱가포르 등지로 원정경기에 참여함. 현지에서 영국의 식민통치를 공격하는 반제투쟁과 민족해방에 관한 연설을 하거나 각지의 민족운동가들과 만나 '아시아 피압박민족대회' 개최를 모색함. 필리핀에서 경찰에 붙잡혀 억류되거나 싱가포르의 영국 경찰에게 여권을 빼앗기고 쫓겨나기도 함

1929

7월 8일. 상하이 공동조계구역에 있는 야구경기장에서 경기 관람 도중 영국 경찰에 체포. 동남아 순방 때 영국제국주의를 공격한 일 등으로 영국 당국의 축출 대상이 된 탓임. 당일 새벽에 곧바로 일본 경찰에 신병 인도, 일본 나가사키로 압송됨

7월 말. 부산을 거쳐 서울 서대문형무소로 압송됨

1930

4월 26일. 경성지방법원 1심 재판에서 이른바 「1919년 제령 제7호」 및 「치안유지법」 위반으로 징역 3년 언도. 이에 불복하여 항소함

6월 9일. 경성복심법원 항소심재판에서 원심의 3년형 확정(미결구류일수 중 150일 본형에 산입). 이후 기결수가 되어 서대문형무소와 대전

	형무소에서 옥고를 치르다가 건강 악화로 병보석을 신청했으나 허락되지 않음
1932	7월 26일. 만기출옥을 3개월 앞두고 대전형무소에서 가출옥으로 풀려남. 출옥 직후 우가키 총독의 협력 요청을 거절하고 총독부의 통치정책을 공격하는 논설을 발표함
1933	2월 16일. 조선중앙일보사 사장에 취임함
	3월 7일. 『중앙일보』라는 제호를 『조선중앙일보』로 변경, 사세를 확장하고 신문의 혁신을 단행함
	4월 초. 조선중앙일보사 주최로 취임 후 처음으로 해외의 선수를 초청하여 권투경기를 개최함
	5월. 조선체육회 이사로 추대됨
	6월 18일. 조선중앙일보사의 사옥을 서울 견지동 111번지로 이전함
	6월 30일. 『조선중앙일보』의 지면을 종래 4면제에서 6면제로 증면함
	9월. 조선농구협회 회장으로 취임함
	11월. 조선중앙일보사에서 월간잡지 『중앙』을 창간함
1934	4월. 조선축구협회 회장에 취임함. 경성육상경기연맹 회장으로 취임함
	4월 22일. 제2회 조선 풀-마라톤대회 위원장(이후 1935~1936년에도 역임)으로 취임함
	5월 9일. 중등학교 및 전수 구락부 농구연맹전 회장으로 취임함
	6월 27일. 조선중앙일보사를 자본금 30만 원의 주식회사로 전환함
	7월. 서울육상경기연맹 회장으로 취임함
	8월 15일. 『조선중앙일보』의 지면을 조간·석간 4면씩 8면으로 증면함
	제2회 조선 중등학교 빙상경기대회 위원장으로 취임함(이후

	1935~1936년에도 계속)
1935	1월. 조선중앙일보사에서 청소년잡지 『소년중앙』 창간. 유단자회의 고문을 맡음
	4월. 동양권투회 이사에 취임함
	5월 14일. 전 조선 축구선수권대회 회장으로 취임함
	11월. 스포츠여성구락부 고문으로 취임함
1936	1월. 고려탁구연맹 회장으로 취임함
	봄. 조선중앙일보사 자본금을 20만 원 증자, 동아·조선과 동일한 총 자본금 50만 원의 회사로 발전시킴. 조간·석간 12면 발행함
	4월 20일. 절친한 후배이자 평생 동지인 조동호의 결혼식 주례를 봄
	4월 25일. 제1회 전 조선 도시대항 축구전 회장에 취임함
	6월 11일. 전 간도 학생축구대회(6.11~12) 회장에 취임함
	8월 13일. 『조선중앙일보』에 일장기가 지워진 손기정 사진이 첫 게재됨
	8월 27일. 경기도경찰부의 '동아일보 일장기 말소사건(8.23)'이 조선중앙일보사로 확대되어 제4차 무기정간을 당함
	9월 4일. 『조선중앙일보』의 무기 휴간에 돌입함
	9월 14일. 조선 중등학교대항 유도대회 회장에 취임함
1937	11월 5일. '발행허가 효력 자연 상실'로 『조선중앙일보』 끝내 폐간, 사장직에서 물러남
1938	7월. 총독부의 강제 해체로 조선체육회 이사를 사직함
1940	3월. 중일전쟁 이래 조선총독부의 회유 공작이 강화되던 와중에 도쿄에 직접 가서 논의하겠다며 도쿄에 방문함. 육군성 실세 다나카 류키치를 비롯해 고노에 수상, 우가키 총독 등과 면담. 수차례의 회유 공작에도 응하지 않고, 정세 파악과 유학생 계몽 등의 계획한 목

	적만 이루고 돌아옴
1941	6월. 재일조선인 청년들의 결사 '죽마계'의 초빙으로 도쿄 인근 가나가와현 호텔에서 과거 임시정부를 중심으로 한 독립운동 상황 등에 대해 강연함
1942	4월 18일. 미국 비행기의 도쿄 공습을 직접 목격하고 귀국함
	12월. 그해 4월 도쿄에서 귀국한 후 주위의 목사 등에게 일제 패망을 언급했다는 이유로 '유언비어 유포죄'로 체포됨
1943	7월. 경성지방법원에서 징역 1년에 집행유예 3년을 언도받고 석방됨
	8월. 조동호 등과 함께 건국동맹의 예비조직인 '조선민족해방연맹'을 결성함
1944	1월. 만주군관학교 출신 항공장교 박승환과 만나 만군 내 조선인 포섭과 조선의용군의 국내진공작전 유도 등에 대해 논의함
	6월. 중국 옌안의 조선독립동맹과 접촉함(이후 8월 결성된 건국동맹 이름으로 독립동맹과 최소한 14차례 이상 연락 교환)
	8월 10일. 현우현·조동호·김진우·이석구 등과 함께 서울 경운동 삼광한의원에서 조선건국동맹을 조직함
	10월 8일. 경기도 용문산 일대에서 김용기·이장호 등과 함께 건국동맹 산하의 농민동맹을 조직하고, 각종 후방교란과 반일투쟁을 전개함
	10월. 건국동맹 강령 등을 마련함
1945	2월. 국내에 들어온 박승환과 군사 문제 등에 대해 재차 논의함
	3월. '공산주의자협의회' 및 '화요파 그룹(일명 조동호 그룹)'의 조동호·이석구·이걸소·최원택·정재달·이승엽 등과 함께 일제 패망의 결정적 시기에 대비해 국내의 무장봉기를 지도하기 위한 군사위원

회를 건국동맹 산하에 설치하고 노농군 편성 계획을 추진함

7월. 고이소 총독으로부터 수차례 중국 화평 교섭을 제안받았으나 거부함

8월. 국내에 들어온 박승환을 만나 협의. 총독부 측의 제안인 '통치권 이양을 통한 임시정부 수립'을 선택하기로 결심함

8월 15일. 아침에 엔도 정무총감과의 회담을 통해 5개의 요구사항을 제출하고 치안권 등 통치권 일부를 이양받음. 오후에 건국준비위원회를 조직하고 위원장으로 활동함. 감옥에서 출옥하는 독립운동가들을 맞이함

8월 16일. 수천 명 군중의 요청으로 휘문중학교 운동장에서 해방의 감격을 알리는 연설을 함. 건국준비위원회 강령 등을 공식 발표함

9월 6일. 미군의 한반도 진주에 앞서 전국인민대표자대회를 개최하고 조선인민공화국 수립을 선포함. 부주석을 맡아 활동함

11월. 우익 성향의 잡지 『선구』에서 실시한 '조선을 이끌어갈 양심적 지도자' 여론조사에서 1위를 차지함

11월 12일. 건국동맹을 개편하여 진보적 민주주의에 입각한 '중간당'으로 조선인민당을 창당하고, 위원장을 맡아 활동함

11월 26일. 조선체육회가 재탄생될 때 제11대 회장으로 취임하여 1947년 7월 사망 때까지 역임함

| 1946 | 2월. 모스크바3상회의 결정의 잘못된 전달 등으로 반탁운동이 거세지면서 좌·우 대립이 격화된 상황에서 즉각적인 임시민주주의정부 수립 등을 내걸고 결집한 민주주의민족전선에 공동의장으로 참여함. 38도선 이북으로 가서 조만식·김일성 등을 만나 미소공동위원회 개최를 통한 임시정부 수립 문제 등에 대해 협의함(이후 암살당하기 전까지 5차례 방북) |

	7월 25일. 미소공동위원회의 무기한 휴회와 이승만의 단독정부 수립 시사 이후 분단 방지를 위해 좌우합작위원회를 조직함. 덕수궁에서 1차 회담이 개최됨
	10월 4일. 1주일간 38도선 이북을 방문하고 돌아와 좌우합작의 원칙 문제로 대립하던 양측을 중재하여 '좌우합작 7원칙'을 발표함
	11월. 중외신보사 사장직을 맡아 주식회사로 만들려고 노력함
1947	5월. 조선올림픽위원회 위원장에 취임하여, 국제올림픽위원회IOC 가입과 1948년 런던올림픽대회 참가를 위해 그해 6월 정식으로 IOC의 인가를 받음
	7월 19일. 8·15 이후 12차례나 테러 위협에 시달리다가 혜화동 로터리에서 총탄테러로 끝내 숨을 거둠
	8월 3일. 최초의 인민장으로 장례식이 거행됨. 서울 우이동 장지에 안장됨
2005	대한민국 정부에서 건국훈장 대통령장 추서함. 사단법인 몽양여운형기념사업회가 발족됨
2008	대한민국 정부에서 최고훈장인 건국훈장 대한민국장 추서함(국가보훈처는 현재까지도 인정하지 않고 있음)
2011	경기도 양평에 몽양여운형생가·기념관이 개관됨

참고문헌

- 강덕상, 「대중국화평공작·'아시아연맹' 구상과 여운형」, 『몽양여운형전집』 3, 한울, 1997.
- _____, 『여운형과 상해임시정부』, 선인, 2017.
- _____, 『여운형평전』 1, 역사비평사, 2007.
- 강만길, 『증보 조선민족혁명당과 통일전선』, 역사비평사, 2003.
- 강만길 외, 『통일지향 우리 민족해방운동사』, 역사비평사, 2000.
- 강영심·김도훈·정혜경, 『1910년대 국외 항일운동 Ⅱ - 중국·미주·일본』, 독립기념관 한국독립운동사연구소』, 2008.
- 경성복심법원, 「판결문(여운형)」, 1930.6.9.
- 구대열, 『한국 국제관계사 연구』 1~2, 역사비평사, 1995.
- 김경일 편, 『일제하사회운동사자료집』 11, 2002.
- 김구, 『백범일지』, 범우사, 1984.
- 김동규, 「몽양 여운형의 체육문화활동」, 『한국체육학회지』 제43권 3호, 2004.
- 김민환·박용규·김문종, 『일제강점기 언론사 연구』, 나남, 2008.
- 김삼웅, 『몽양 여운형 평전: 진보적 민족주의자』, 채륜, 2015.
- 김영택, 「8·15 해방당시 조선총독부가 여운형을 선택한 배경과 담판 내용」, 『한국학논총』 제29호, 2007.
- 김정의, 「유정 조동호와 조선건국동맹」, 『문명연지』 제8권 1호, 2007
- 김희곤, 「신한청년당의 결성과 활동」, 『한국민족운동사연구』 제1호, 1986

- 김희곤, 『대한민국임시정부Ⅰ- 상해시기』, 독립기념관 한국독립운동사연구소, 2008.
- _____, 『대한민국임시정부연구』, 지식산업사, 2004.
- 몽양여운형선생기념사업회·몽양여운형생가·기념관, 『몽양 여운형 사진자료집』, 2014.
- 몽양여운형선생전집발간위원회, 『몽양여운형전집』 1, 한울, 1991.
- _____, 『몽양여운형전집』 2, 한울, 1993.
- _____, 『몽양여운형전집』 3, 한울, 1997.
- 미즈노 나오키, 「여운형과 중국국민혁명」, 『몽양여운형전집』 3, 한울, 1997.
- 박명수, 「건국동맹과 좌익 민족통일전선」, 『숭실사학』 제37권 37호, 2016.
- 박용규, 「여운형의 언론활동에 관한 연구」, 『한국언론학보』 제42권 2호, 1997.
- 박찬승, 「1910년대 말~1920년대 여운형의 민족해방운동론」, 『역사와현실』 제6호, 1991.
- 반병률, 「여운형의 활동을 통해 본 상해지역 초기 한인공산주의 조직의 형성과 변천에 대한 재해석」, 『한국독립운동사연구』 제45호, 2013.
- _____, 「원동민족혁명단체대표회와 한국독립운동(1) – 대회 개최의 배경과 준비」, 『역사문화연구』 제65호, 2018.
- 배경한, 「여운형과 국민혁명 – 국민당 2전대회(1926년 1월) 참석과 '반제연대' 활동」, 『중국근현대사연구』 제64호, 2014
- _____, 「장저우회의(1920년 4~5월)와 여운형 – 한·중·러 연대 모색과 그 의미」, 『역사학보』 제220호, 2013.
- 백낙준, 『조선예수교장로회사기』 (하), 한국교회사학회, 1968.
- 변은진, 『파시즘적 근대체험과 조선민중의 현실인식』, 선인, 2013.
- _____, 「1932~1945년 여운형의 국내활동과 건국준비」, 『한국인물사연구』

제21호, 2014.
- 변은진, 「나라 없던 시대의 '참 정치가', 여운형(1886~1947)」, 김원중 외, 『인물로 본 문화』, 한국방송통신대학교출판문화원, 2015.
- ＿＿＿, 『일제말 항일비밀결사운동 연구 - 독립과 해방, 건국을 향한 조선민중의 노력』, 선인, 2018.
- 石原六一(石泰瑀), 「呂運亨氏と朝鮮靑年を語る」, 『국민총력』 제3권 4호, 국민총력조선연맹, 1941.4.
- 선우도량·한국불교근현대사연구회, 『근현대 불교사』, 선우도량출판부, 2002.
- 손현숙, 「Danzan의 정치적 활동과 사상」, 『역사 속의 인물' 김문경교수 정년퇴임기념 동아시아사 연구논총』, 1996.
- ＿＿＿, 「부리아드 민족해방운동 시기의 린치노(E. D. Rinchino)의 사상과 활동」, 『백양사학』 제15호, 1998.
- 손환·최성진, 「여운형의 체육활동과 사상」, 『체육사학회지』 제16권 1호, 2011.
- 송남헌, 『한국현대정치사』 1, 성문각, 1980.
- 矢田七太郎, 「呂運亨被毆打事件」(1925년 12월 14일), 『不逞團關係雜件』(한국역사정보통합 시스템).
- 신용하, 「신한청년당의 독립운동」, 『한국학보』 제12권 3호, 1986.
- 심지연, 『인민당 연구』, 경남대학교출판부, 1991.
- 여연구, 『나의 아버지 여운형』, 김영사, 2001.
- 여운홍, 『몽양여운형』, 청하각, 1967.
- 오병수, 「몽양 여운형사장과의 대화」, 『새가정』 1987년 3월호.
- 윤경로, 『105인사건과 신민회 연구』, 일지사, 1990.
- 윤대원, 「대한민국임시정부의 조직·운영과 독립방략의 분화(1919~1930)」,

서울대학교 박사논문, 1999.
- 윤해동, 「여운형은 일제에 협력하였나」, 『역사비평』 제15호, 1991.
- 이규태, 「해방 직후 건국준비위원회의 활동과 통일국가의 모색」, 『한국근현대사연구』 제36호, 2006.
- 이기형, 『몽양 여운형』, 실천문학사, 1984.
- _____, 『여운형 평전』, 실천문학사, 2004.
- 이만규, 『여운형선생투쟁사』, 민주문화사, 1946.
- _____, 『여운형투쟁사』, 총문각, 1946.
- 이정식, 「여운형과 건국준비위원회」, 『역사학보』 제134·135호, 1992.
- _____, 「일제말기의 여운형과 일본」, 『사상』 제50호, 2001.
- _____, 『여운형』, 서울대학교출판부, 2008.
- 이현희, 『조동호항일투쟁사』, 청아, 1992.
- 임경석 편저, 『동아시아 언론매체사전, 1815~1945』, 논형, 2010.
- 장원석, 「8·15 당시 여운형의 과도정부 구상과 여운형·엔도 회담」, 『아시아문화연구』 제27호, 2012.
- _____, 「해제: 사진으로 보는 몽양 여운형의 독립·통일 운동」, 『몽양 여운형 사진자료집』, 2014.
- 전택부, 『월남 이상재의 생애와 사상』, 연세대출판부, 2001.
- _____, 『한국기독교청년회운동사』, 정음사, 1978.
- 정병준, 「1919년, 파리로 가는 김규식」, 『한국독립운동사연구』 제60호, 2017.
- _____, 「3·1운동의 기폭제 – 여운형이 크레인에게 보낸 편지 및 청원서」, 『역사비평』 제119호, 2017.
- _____, 「조선건국동맹의 조직과 활동」, 『한국사연구』 제80호, 1993.
- _____, 『광복 직전 독립운동세력의 동향』, 독립기념관 한국독립운동사연구

소, 2009.
- 정병준, 『몽양여운형평전』, 한울, 1995.
- 정영희, 「유정 조동호의 항일독립운동연구」, 『역사와 실학』 제37호, 2008.
- 이현주, 『1920년대 재중항일세력의 통일운동』, 독립기념관 한국독립운동사연구소, 2009.
- 차재명, 『조선예수교장로회사기』(상), 조선기독교창문사, 1928.
- 차혜영, 「모스크바 극동피압박민족회의 참가기를 통해 본 혁명의 기억 – 김단야, 여운형의 기록을 중심으로」, 『한국근대문학연구』 제18권 2호, 2017.
- 최성진, 「몽양 여운형의 생애와 체육활동」, 중앙대학교 체육학과 석사논문, 2012.
- 하정희·손환, 「일장기말소사건의 역사적 의미」, 『한국체육학회지』 제52권 1호, 2013.
- 한국역사정보통합시스템(http://www.koreanhistory.or.kr).
- 한민성, 『추적 여운형』, 흑백문화사, 1982.
- 황묘희, 「신한청년당과 유정 조동호」, 『문명연지』 제8권 1호, 2007.

찾아보기 ㄱ

ㄱ

가타야마 센 90
간도참변 94, 201
갑오개혁 18
강성경 153
강우규 55, 68, 199
개조파 62, 63, 65, 66, 203
건국동맹(조선건국동맹) 144, 150, 153, 154, 156~166, 168, 169, 172, 173, 175, 176, 179, 180, 209, 210
건국준비위원회(조선건국준비위원회) 150, 159, 172, 173, 175~178, 210
건국훈장 대통령장 196, 211
건국훈장 대한민국장 196, 211
게오르기 치체린 91
경성육상경기연맹 134, 207
『경성일보』 147
경학사 27, 198
『계급투쟁』 84
고가 렌조 69, 70, 72, 200
고경흠 119, 122, 193
고노에 후미마로 145, 208
고려공산당 번역위원회 84, 202
고려공산당(상해파) 83, 202
고려공산당(이르쿠츠크파) 84, 88

고려공산당(이르쿠츠크파) 상하이지부 84, 202
고려탁구연맹 133, 134, 208
고부생 152
고웅주 155
고원훈 138
고이소 구니아키 148, 210
고재하 154, 155
고제훈 152
공립 인성소학교 33
공립 춘천중학교 독서회 152, 154
『공보국회보』 51
「공산당 선언」 84, 194, 201
『공산주의 ABC』 84
공산주의자 그룹(상해파) 47, 83, 85, 200
공산주의자협의회 160, 164, 208
공승엽 152
공청사 106
공훈전자사료관 195
관동학회 20, 22
관민공동회 18
광동학교 16, 196
광복군(한국광복군) 165, 176
『광저우밍궈일보』 102, 105
광저우 피압박민족연합회 100, 102, 205

광주학생운동 151
구철회 152
국가보훈처 195, 210
국공합작 67, 96~98, 100, 101, 109
국민대표회의 47, 61~67, 96, 97, 107, 201, 202, 204
국민대표회의 상해기성회 64, 202
국민대표회의 주비위원회 64, 202
국민대표회의 촉성회 64
국민학교령 130
국제연맹 42, 81, 119
국제올림픽위원회IOC 129, 210
국채보상운동 17, 196
군사위원회 157, 164, 165
군사통일회의 64, 85, 201
권동진 123
권애라 88, 201
권영동 154, 155
그리고리 보이틴스키 82, 85, 201
그리고리 지노비예프 91
그리크 처치 90
극동민족대회 62, 63, 87, 89, 91, 92, 96, 97, 201, 202
근로인민당 193
금선광산 153, 156
기호흥학회 20, 24
김광현 156
김구 16, 21, 43, 59, 61, 151, 177, 182, 190~192
김규식 21, 27, 35, 40, 47, 49, 51~54, 57, 59, 66, 88, 90, 91, 95, 100, 177, 187~190, 198, 201~203
김규흥 85

김남천 122
김단야 90, 106, 204
김덕순 152
김동성 122
김두봉 83, 184
김만겸 83, 88, 201
김명시 166
김무정 165
김문숙 95
김병로 177
김병화 152, 157
김복진 122, 124
김사복 152
김성수 137, 177
김세제 153
김세호 123
김순애 51
김순호 153
김시현 90
김영근 152
김용기 163
김용중 193
김원경 90
김원봉 108, 151, 177, 183, 205
김은석 152
김인전 59
김일성 150, 152, 159, 184, 195
김일성부대 152, 154
김장룡 157
김종백 158
김종상 33
김준연 79

김중일 153
김진우 161
김찬 106, 205
김창숙 62
김창제 22
김철 38, 43, 54, 59, 88, 95, 199, 202
김탕 51
김태준 160, 165
김홍기 152
김홍서 95

ㄴ

나창헌 107, 108
남궁억 22
남마류사 88
남만춘 88
남북협상운동 191
남승룡 136
노농군 164, 210
노다 우타로 69
『노동과 사회주의』 84
노수현 123
『노스차이나 데일리뉴스』 93, 198
노천명 122
농민동맹 157, 162, 209
농촌진흥운동 118
니콜라이 부하린 84

ㄷ

다나카 기이치 69
다나카 류키치 145, 146, 200, 208

다이쇼데모크라시 79
다카하시 단 148
단잔 90, 202
「대동단결선언」 46, 49
「대동통일취지서」 67, 204
대한민국임시의정원(임시의정원) 58, 60, 64, 67, 96, 105, 200, 204, 205
대한민국임시정부(임시정부) 33, 36, 47, 48, 53, 57~61, 63, 73, 78, 82, 83, 86, 91, 95, 96, 105, 107, 147, 152, 153, 159, 164~166, 168, 176, 183, 184, 200, 201, 210
「대한민국임시헌장」 59, 60
대한민국 정부 196, 211
대한적십자회 60, 200
대한체육회 129
대한협회 19
도로월간사 32, 94, 198
도인권 59
『도쿄니치니치신문』 77
『도쿄아사히신문』 77
독립당대표회의 67, 204
『독립신문』 57, 63, 70, 78, 82, 201
독립임시사무소 58, 59, 200
독립청원서 38, 40, 41, 49, 51~54, 199
독립협회 18
동방노력자공산대학 108, 205, 206
동방피압박민족연합회 100
『동아일보』 137, 138, 139, 183
동아일보사 106, 118, 168, 203
동양권투회 133, 134
동양척식주식회사 103
동제사 29, 39, 49, 58, 198, 200
동진학교 22, 23

찾아보기 219

동학농민전쟁 11
둥팡대학 32

ㄹ

라돌라 가이다 55, 56, 199, 200
러시아혁명 55
러일전쟁 13, 71, 86
런던올림픽대회 129, 211
레너드 버치 188
『레닌주의』 84
레온 트로츠키 91, 195
레프 카라한 91, 98, 99
루거우차오 사건 141, 143
류자명 100
리다자오 83, 102
리런제 84, 202

ㅁ

마나벤드라 로이 85
마오쩌둥 92, 95, 144, 195
『마이니치신문』 74
마이어 50
만주군관학교 164, 165, 209
『매일신보』 192
모리토 다쓰오 79
모스크바3상회의 181, 182, 184, 185,
　　188, 190, 210
몽양여운형기념사업회 211
몽양여운형생가·기념관 11, 211
묘곡교회 15, 16, 197

문종두 152
문창범 55, 199
문호교회 15
물산장려운동 118
미국 의원단 86, 87, 201
미나미 지로 136
미소공동위원회 182, 184, 185, 187,
　　188, 190, 211
미즈노 렌타로 68
미하일 보로딘 91, 98, 101, 205
미하일 칼리닌 91
민영환 13
「민족 및 식민지 문제에 관한 테제」 85
민족자주연맹 191
민주주의민족전선 183, 210
『밀라드 리뷰』 41

ㅂ

박경(김규식) 91
박상동 152
박상봉 152
박성춘 19
박승환 161, 165, 209
박영주 152
박영한 152
박용만 85
박윤석 124
박은식 21, 44, 55, 62, 74, 96, 199
박정양 18
박제정 153
박진순 85
박창세 107

박팔양 123, 124
박헌영 183
박희곤 107, 205
박희도 128
방응모 120
배성룡 124
배재학당 12, 13, 15, 197
백남규 59
백남운 183
105인 사건 27
백재호 152
백태성 156
베르테 99, 100
베를린올림픽 136
병인의용대 107, 108, 206
보광당 163
「보완테제」 85
북벌론 12
브나로드운동 118
블라디미르 레닌 85, 90, 195, 203

ㅅ

사립학교령 22
사무엘 무어(모삼열) 18, 19
사오리쯔 100, 204
사카이 도시히코 79
산악대 163
3·1독립선언 46, 54, 57
3·1운동 36, 49, 56~60, 69, 73, 78, 86, 94, 128
삼일인쇄소 107

상동교회 21
상동청년학원 20, 21, 197
상동청년회 21
상록회 154
상심리교회 15
상하이 YMCA 31, 32, 198
상하이 미국연합회 32
상하이 청년동맹회 67, 204
상하이 한인교회 33, 86, 198
상해고등보수학원 35, 204
상해고려교민친목회 35, 36, 199, 200
상해기성회 64
상해대한인거류민단 33, 36
상해대한인민단 36, 200, 201
상해파 63, 83, 89, 202, 205
서병호 43, 48, 54, 59, 95
서상천 135
서울육상경기연맹 133, 134, 207
서재필 62
서정인 154, 155, 156
『선구』 192, 210
선우혁 33, 36, 38, 43, 54, 59, 83, 199
성원경 138
『세계역사』 84
세계학생그리스도교연맹WSCF 87, 203
셴중준 95, 202
소규모 비밀결사운동 130, 156, 163
『소년중앙』 123, 208
손기정 136
손두환 105, 205
손명술 155
손병희 54

손성한 154, 155
손정도 87
솔린 단잔 88, 90, 202
송병조 43, 59
송정섭 152, 157, 159
송진우 120, 137, 168, 169
스포츠여성구락부 133, 134, 208
승동교회 18, 19, 23, 24, 197, 198
시모노세키조약 71
시사책진회 64
식량대책위원회 175
신간회 109
신국권 59
신규식 46, 49, 58
신문화연구소 179
신민회 21, 39, 198
신상완 69, 70, 200
신석우 35, 38, 43, 199
신숙 66, 203
신아동제사 29, 198
신익희 95, 202
신진카이 79, 201
신채호 60, 83
신한문회 84
『신한청년』 39, 43, 46
신한청년당 38~41, 43, 45~49, 51, 54,
56~61, 63, 66, 94, 179, 199, 200,
202, 203
신한혁명당 49
신해혁명 27, 93, 94, 201
신흥강습소 27
쑨원 27, 90, 92~94, 96~99, 102, 144,
195, 198

ㅇ

아돌프 이오페 98
아멜 베이 43
아시아 피압박민족대회 109, 206
아주민족협회 107, 205
안공근 60, 106, 201, 206
안드레이 사하로프 91
안병익 152
안병찬 83, 88
안승악 152
안재홍 168, 169, 173, 175
안재환 100
안정근 43
안종식 152
안창호 16, 19, 47, 60, 63~67, 69, 82,
96, 149, 202~204
알렉산드라 콜론타이 91
알렉세이 포타포프 85, 201
애국계몽운동 17, 19, 21
야마카와 히토시 79
얄타회담 167
양헌 83
엄태섭 165
에이브러햄 링컨 18
엔도 류사쿠 169~172
엘베그도르 린치노 88, 202
여광(여운형) 101
여광극(여운형) 101
여광선(여운형) 101, 102
여규덕 11
여규신 10~12, 197
여병현 12, 13, 22, 197

여승현 11, 16
여운일 22
여운형 내각 80
여운홍 12, 13, 19, 26, 35, 51, 59, 198
여정현 10, 197
여준 21
5·4운동 94
『오사카마이니치신문』 77
5·30사건 99, 100, 204
오상흠 153
오스기 사카에 79, 201
오영선 106, 206
오카와 슈메이 145
YMCA 야구단 109
와타세 쓰네요시 80, 201
왕제 97, 204
왕징웨이 101, 144, 205
요시노 사쿠조 79, 200
용담유사 11
우가키 가즈시게 118, 136, 145, 207, 208
우드로 윌슨 39, 41, 42, 53, 54, 199
「우리 동포에게 고함」 62
『우리들 소식』 36
『우리 무산계급의 진로』 85
우무학당 13, 14, 197
우산 32, 95, 100, 107, 198, 202
우페이푸 97
워싱턴회의 62, 81, 87, 89, 91
원동간식공사 103
원세훈 55, 62, 199
원후정 152
『윌슨 연설집』 84

유단자회 134
『유물변증법 ABC』 84
UN 190
유해붕 136, 137
2·8독립선언 46, 54, 56, 57
윤기섭 83
윤동일 154
윤석중 122
윤치호 123, 124, 153
윤해 65, 66, 203
윤현진 95
윤희중 122, 123, 138
을사늑약 87
의열단 205
이갑룡 154
이강 55
이걸소 165, 209
이관구 119, 122, 123
이관용 51
이광수 43, 44, 55, 59, 69, 82, 149, 150, 153, 201
이광제 100
이광훈 155
이규서 59
이규현 135
이기석 160
이기창 95
이동녕 21, 27, 55, 59, 199
이동휘 16, 36, 80, 82, 83, 202
이란 152, 154
이룽양항 28
이르쿠츠크파 63, 66, 83, 89, 202

이만규 10, 13, 28, 74, 117, 144, 179
이문사서관 32, 198
이민종 124
이범익 138
이봉하 152
이상룡 96
이상백 165
이상재 16, 20, 21, 54, 87, 199
이석구 161, 165, 209
이승만 16, 24, 60, 62, 63, 85, 96, 123, 151, 177, 183, 188, 192, 193, 211
이승엽 165, 209
이승훈 54
이시영 21
이영선 161, 165, 166
이우민 95
이원익 59
이유필 43, 59, 95, 106, 107, 202, 206
이일동 152
이임수 152, 154
이장영 124
이장호 163
이주현 156
이창기 153
이창덕 152
이춘숙 83
이탁 95
이태순 22
이태준 122
6·10만세운동 107
이해룡 152
이혁기 154, 158

이회영 20, 21, 27
『인민당의 노선』 179
인민장 194
인성학교 32, 33, 34, 35, 198
인정식 119
일본 조합교회 25, 73, 80, 198, 201
일장기 말소사건 121, 133, 136, 137, 208
임무사 152
「임시거류민단제」 36
임원근 124
임종국 146

ㅈ

『자본론』 84
자유시참변 89
「자유와 독립」그룹 160
장덕수 38, 41, 54, 57, 69, 70, 74, 106, 199, 200
장병하 154
장시규 153
장제스 92, 105, 109, 144, 195, 205
장쮜린 94, 97, 201
장추바이 91
재미조선사정협의회 193
『재팬 어드바이저』 77, 78
저우첸추 95, 202
전 간도 학생축구대회 134, 208
전국인민대표자대회 176, 210
전규홍 151
전덕기 21

전로한족중앙총회 55
「전 세계 피압박민족과 일치하여 압박계급과 투쟁할 것을 표명하는 통전」 101
전 조선 도시대항 축구전 134, 208
전 조선 축구선수권대회 134, 208
정기환 152
정무묵 193
정문규 153
정백 153
「정우회 선언」 109
정위단 107, 108, 205
정읍 발언 188
정재달 165, 209
정정달 152
정학룡 152
정한경 62
정현모 156
제1차 세계대전 28, 42, 46, 50, 53, 54, 81, 147, 148
제1차 조선공산당 탄압사건 106, 205
제2차 상록회운동 152, 155
제2차 세계대전 57, 141, 144, 155
제국의회 80
제국호텔 74, 75, 78, 94, 200
제임스 게일 23
조남헌 152, 157
조동호 28, 29, 38, 41, 43, 55, 59, 66, 83, 95, 108, 120, 161, 165, 198, 199, 202~204, 208, 209
조만식 184
조병상 153
조봉암 108, 204

조상섭 61, 106, 206
조선건국동맹 144, 156, 157, 159, 160, 209
조선건국준비위원회 159
조선공산당 106, 108, 179, 183, 204, 205
조선공산당 광둥지부 106, 206
조선공산당 임시상해부 106
조선공화국 66, 203, 204
조선교화단체연합회 146
조선국군준비대(국군준비대) 154, 157, 158
조선기독교 민족주의 그룹 152
조선노농총동맹 104
조선농구협회 133, 134, 207
조선대아세아협회 146
조선독립동맹 165, 209
조선독립회복연구단 154
조선민족대회 166
조선민족해방연맹 160, 209
조선민족해방협동당 158, 163
조선올림픽위원회 129, 134, 211
조선의용군 164, 209
조선인민공화국 176~178, 210
조선인민당(인민당) 179, 180, 181, 183, 210
「조선 인민에게 고함」 178
조선인 유학생회 78, 200
『조선일보』 139
조선일보사 118, 168
『조선주보』 177
조선 중등학교대항 유도대회 134, 208

조선 중등학교 빙상경기대회 134, 207
『조선중앙일보』 99, 123, 124, 128, 136, 138, 139, 207, 208
조선중앙일보사 119, 121, 123, 125, 132, 133, 136~139, 141, 146, 168, 207, 208
조선청년총동맹 104
조선체육협회 129
조선체육회 129, 133, 134, 207, 208, 210
조선총독부 80, 168, 176, 208
조선축구협회 133, 134, 207
조선 풀-마라톤대회 133, 134, 207
조선회복연구단 154~156
조성환 59
조세경 152, 157, 159
조소앙 51, 54, 59
조완구 55, 59, 83, 199
조지 마셜 190
조지 피치 32, 35, 198
조한용 124
조합교회 25
존 하지 188, 192
좌우합작 7원칙 189, 211
좌우합작운동 188, 190, 193
좌우합작위원회 188~190, 211
주시경 21
주의자동맹 106, 205
죽마계 147, 152
중국공산당 83, 95, 97, 98, 204
중국국민당 95, 97, 98, 104, 148, 204
중국국민당 제2차 전국대표대회(2전대회) 101, 104, 108, 205

「중국국민당 제2차 전국대표대회 선언」 101
중등학교 및 소 구락부 농구연맹전 134
중산대학 105
중·소협정 97
『중앙』 123, 207
『중앙일보』 123, 207
『중외신보』 139
중외신보사 211
중일전쟁 141~143, 151, 208
중화기독교청년회 32
『중화신보』 55
지방인민위원회 176, 178
지청천 66, 204
진링대학 28, 29, 198

ㅊ

차상진 15
차익환 153, 157
찰스 알렌 클라크(곽안련) 15, 18, 19, 23, 27, 198
찰스 크레인 40, 41, 49, 53, 57, 199
창조파 62, 65, 66
천두슈 83, 84, 95, 202
천세헌 64
천중밍 85, 201
천한밍 93, 198
청운회 157
청일전쟁 71
체화동락회 29, 198
초당의숙 22, 23

최고려 90
최근우 69, 70, 161, 165, 200
최동오 66, 204
최린 128
최선익 122, 138
최승우 153
최시형 11
최원택 165, 209
최재학 33
최창식 35, 83, 96, 106, 107, 204, 206
추인봉 152
취추바이 97, 98, 100, 204
치안대 175

ㅋ

칼 마르크스 84
케말 파샤 43
코민테른 64, 81~83, 85, 91, 108, 201, 204
코민테른 동아서기국 83
크렘린궁 90, 203

ㅌ

타스 99, 107, 109, 204, 206
태평양전쟁 143, 156
터키청년당 43
토마스 밀라드 41, 49, 53

ㅍ

파리강화회의 35, 40~42, 47, 49~55, 81, 94, 199
파리위원부 47
판홍제 102
팔로군 148
평위샹 97
평북 광산의 비밀결사 153
평양신학교 24, 198
푸단대학 109, 206
푸단대학 축구단 109, 206
피어론 다니엘사 50

ㅎ

하라 내각 80
하라 다카시 69
鶴山明和(姜致?) 153
한국공보국 52
한국노병회 61, 66, 203
한국독립운동촉진회 106, 206
「한국민족의 주장」 52
한국민주당 179
「한국 위원이 강화회에 제출한 13개조」 52
한국통신기관 위탁에 관한 약정서 14
한명서 90
한상룡 153
한인사회당 83, 85
한중호조사(중한호조사) 94~96, 201
한중호조사 상하이지부 202
한진교 38, 43, 59, 95, 199
한형권 60, 66, 201, 203
합법 활동 119
합작 5원칙 189

찾아보기 227

합작 8원칙 189
허버트 웰스 84
허헌 177, 183
『현대철봉운동법』 135
현순 90
현우현 161, 162
협화서국 32, 198
호러스 언더우드(원두우) 20, 53, 26, 27
호머 헐버트(합보) 20
호치민 92, 102
홍덕유 123
홍범도 90
홍증식 119, 122
화요파 그룹(조동호 그룹) 164, 209
황기환 51
황병기 154
황성기독교청년회YMCA 13, 20, 23, 24, 197
황영희 95
황푸군관학교 104, 105, 108, 205
흑하사변 89
흥사단 47, 66
흥화학교 13, 197

독립과 통일 의지로 일관한 신뢰의 지도자 여운형

1판 2쇄 인쇄 2020년 9월 10일
1판 1쇄 발행 2018년 12월 24일

글쓴이　　변은진
기　획　　독립기념관 한국독립운동사연구소
펴낸이　　이준식
펴낸곳　　역사공간
　　　　　주소: 04000 서울특별시 마포구 동교로19길 52-7 PS빌딩 4층
　　　　　전화: 02-725-8806
　　　　　팩스: 02-725-8801
　　　　　E-mail: jhs8807@hanmail.net
　　　　　등록: 2003년 7월 22일 제6-510호

ISBN 979-11-5707-173-9 03900

- 잘못된 책은 바꿔 드립니다.
- 이 도서의 국립중앙도서관 출판예정도서목록(CIP)은 서지정보유통지원시스템 홈페이지 (http://seoji.nl.go.kr)와 국가자료공동목록시스템(http://www.nl.go.kr/kolisnet)에서 이용하실 수 있습니다.(CIP제어번호: CIP2018039463)

역사공간이 펴내는 '한국의 독립운동가들'

독립기념관은 독립운동사 대중화를 위해 향후 10년간 100명의 독립운동가를 선정하여,
그들의 삶과 자취를 조명하는 열전을 기획하고 있다.

001 근대화의 선각자 - 최광옥의 삶과 위대한 유산
002 대한제국군에서 한국광복군까지 - 황학수의 독립운동
003 대륙에 남긴 꿈 - 김원봉의 항일역정과 삶
004 중도의 길을 걸은 신민족주의자 - 안재홍의 생각과 삶
005 서간도 독립군의 개척자 - 이상룡의 독립정신
006 고종 황제의 마지막 특사 - 이준의 구국운동
007 민중과 함께 한 조선의 간디 - 조만식의 민족운동
008 봉오동·청산리 전투의 영웅 - 홍범도의 독립전쟁
009 유림 의병의 선도자 - 유인석
010 시베리아 한인민족운동의 대부 - 최재형
011 기독교 민족운동의 영원한 지도자 - 이승훈
012 자유를 위해 투쟁한 아나키스트 - 이회영
013 간도 민족독립운동의 지도자 - 김약연
014 대한민국 임시정부의 민족혁명가 - 윤기섭
015 서북을 호령한 여성독립운동가 - 조신성
016 독립운동 자금의 젖줄 - 안희제
017 3·1운동의 얼 - 유관순
018 대한민국임시정부의 안살림꾼 - 정정화
019 노구를 민족제단에 바친 의열투쟁가 - 강우규
020 미 대륙의 항일무장투쟁론자 - 박용만
021 영원한 대한민국임시정부의 요인 - 김철
022 혁신유림계의 독립운동을 주도한 선각자 - 김창숙
023 시대를 앞서간 민족혁명의 선각자 - 신규식
024 대한민국을 세운 독립운동가 - 이승만
025 한국광복군 총사령 - 지청천

026 독립협회를 창설한 개화·개혁의 선구자 - 서재필
027 만주 항일무장투쟁의 신화 - 김좌진
028 일왕을 겨눈 독립투사 - 이봉창
029 만주지역 통합운동의 주역 - 김동삼
030 소년운동을 민족운동으로 승화시킨 - 방정환
031 의열투쟁의 선구자 - 전명운
032 대종교와 대한민국임시정부 - 조완구
033 재미한인 독립운동의 표상 - 김호
034 천도교에서 민족지도자의 길을 간 - 손병희
035 계몽운동에서 무장투쟁까지의 선도자 - 양기탁
036 무궁화 사랑으로 삼천리를 수놓은 - 남궁억
037 대한 선비의 표상 - 최익현
038 희고 흰 저 천 길 물 속에 - 김도현
039 불멸의 민족혼 되살려 낸 역사가 - 박은식
040 독립과 민족해방의 철학사상가 - 김중건
041 실천적인 민족주의 역사가 - 장도빈
042 잊혀진 미주 한인사회의 대들보 - 이대위
043 독립군을 기르고 광복군을 조직한 군사전문가 - 조성환
044 우리말·우리역사 보급의 거목 - 이윤재
045 의열단·민족혁명당·조선의용대의 영혼 - 윤세주
046 한국의 독립운동을 도운 영국 언론인 - 배설
047 자유의 불꽃을 목숨으로 피운 - 윤봉길
048 한국 항일여성운동계의 대모 - 김마리아
049 극일에서 분단을 넘은 박애주의자 - 박열
050 영원한 자유인을 추구한 민족해방운동가 - 신채호

051 독립전쟁론의 선구자 광복회 총사령 - 박상진
052 민족의 독립과 통합에 바친 삶 - 김규식
053 '조선심'을 주창한 민족사학자 - 문일평
054 겨레의 시민사회운동가 - 이상재
055 한글에 빛을 밝힌 어문민족주의자 - 주시경
056 대한제국의 마지막 숨결 - 민영환
057 좌우의 벽을 뛰어넘은 독립운동가 - 신익희
058 임시정부와 흥사단을 이끈 독립운동계의 재상 - 차리석
059 대한민국임시정부의 초대 국무총리 - 이동휘
060 청렴결백한 대한민국 임시정부의 지킴이 - 이시영
061 자유독립을 위한 밀알 - 신석구
062 전인적인 독립운동가 - 한용운
063 만주 지역 민족통합을 이끈 지도자 - 정이형
064 민족과 국가를 위해 살다 간 지도자 - 김구
065 대한민국임시정부의 이론가 - 조소앙
066 타이완 항일 의열투쟁의 선봉 - 조명하
067 대륙에 용·맹을 떨친 명장 - 김홍일
068 의열투쟁에 헌신한 독립운동가 - 나창헌
069 한국인보다 한국을 더 사랑한 미국인 - 헐버트
070 3·1운동과 임시정부 수립의 숨은 주역 - 현순
071 대한독립을 위해 하늘을 날았던 한국 최초의 여류비행사 - 권기옥
072 대한민국임시정부의 정신적 지주 - 이동녕
073 독립의군부의 지도자 - 임병찬
074 만주 무장투쟁의 맹장 - 김승학
075 독립전쟁에 일생을 바친 군인 - 김학규
076 시대를 뛰어넘은 평민 의병장 - 신돌석
077 남만주 최후의 독립군 사령관 - 양세봉
078 신대한 건설의 비전, 무실역행의 독립운동가 - 송종익
079 한국 독립운동의 혁명 영수 - 안창호
080 광야에 선 민족시인 - 이육사

081 살신성인의 길을 간 의열투쟁가 - 김지섭
082 새로운 하나된 한국을 꿈꾼 - 유일한
083 투탄과 자결, 의열투쟁의 화신 - 나석주
084 의열투쟁의 이론을 정립하고 실천한 - 류자명
085 신학문과 독립운동의 선구자 - 이상설
086 민중에게 다가간 독립운동가 - 이종일
087 의병전쟁의 선봉장 - 이강년
088 독립과 통일 의지로 일관한 신뢰의 지도자 - 여운형
089 항일변호사의 선봉 - 김병로
090 세대·이념·종교를 아우른 민중의 지도자 - 권동진
091 경술국치에 항거한 순국지사 - 황현
092 통일국가 수립을 위해 분투한 독립운동가 - 김순애
093 불법으로 나라를 구하고자 한 불교인 - 김법린
094 독립공군 육성에 헌신한 대한민국임시정부 군무 총장 - 노백린
095 불교계 독립운동의 지도자 - 백용성
096 재미한인 독립운동을 이끈 항일 언론인 - 백일규
097 재중국 한국인 아나키스트운동의 실천적 지도자 - 류기석
098 대한민국임시정부의 후원자 - 장제스
099 우리 말글을 목숨처럼 지킨 - 최현배
100 (근간)한국독립과 동양평화의 사도 - 안중근
101 (근간)돌사람의 흔들리지 않는 한글 사랑 - 정태진